MANUEL RIVAS'

LA LENGUA DE LAS MARIPOSAS:

EDICIÓN ANOTADA PARA ESTUDIANTES

Edited by Daniel Sheff

Wayside®
PUBLISHING

ÍNDICE

Prólogo

Este proyecto es el fruto de una idea que lleva años madurando y desarrollándose en mi mente. Ocurrió que yo iba mucho al cine durante el año que estudiaba en Madrid de universitario, y tuve la suerte de ver *La lengua de las mariposas* en la pantalla grande del cine Princesa, al lado de la Plaza de España. Me acuerdo de cuánto me cautivó la mirada del niño, y de cómo el maestro pareció una fusión de todos los buenos maestros y profesores que había tenido en la vida. Años después, cuando llegué a leer los cuentos de Manuel Rivas mientras hacía el máster, se me ocurrió que era necesario un libro que expusiera a los estudiantes la maravilla de los cuentos y de la película, y me sorprendió que no existiera ya uno. El cine y la literatura siempre han sido artes complementarios; esta obra representa un ejemplo raro y excepcional de esta relación eterna. Este proyecto no se habría realizado sin la ayuda y generosidad de algunas personas. Antes que nadie, agradezco a Manuel Rivas, que no sólo permitió que se manipulara su obra, sino que también iluminó los rincones del texto con su correspondencia generosa. Agradezco también a mis compañeros de Middlesex School, que apoyaron este proyecto desde el principio, y a mis queridos colegas en el Departamento de Español.

Nota a los profesores:

Aunque no se puede sobreestimar el valor literario de estos tres cuentos, cabe indicar que el tercero, *Carmiña*, contiene temas de considerable madurez. Igualmente, la parte de la película que introduce la trama de ese cuento consiste en una escena en que una mujer aparece desnuda y hay un momento breve de actividad sexual. Si estos temas les parecen demasiado explícitos para su clase, o si las reglas de su institución u organización prohíben temas semejantes, se puede prescindir del tercer cuento, y saltar la escena cinco del DVD *La lengua de las mariposas* sin perder el peso y valor intelectual de la totalidad de la obra.

La Guerra Civil Española

Planteamiento:

. . . .

Las elecciones de febrero de 1936 enfrentaron a los conservadores derechistas en contra de una nueva coalición del Frente Popular, que incluyó toda la izquierda. Menos moderada que la coalición anterior, el Frente Popular incluyó republicanos radicales, socialistas, el pequeño Partido Comunista Español, y otros grupos. El Frente Popular obtuvo una estrecha[1] victoria y tomó el control de las Cortes. El nuevo gobierno restableció el programa de reforma progresiva y otorgó[2] amnistía a cientos de presos políticos.

Las reformas y retórica radical del Frente Popular alarmaron a los conservadores, muchos de los cuales temían una revolución de izquierda inspirada en el comunismo. Una conspiración para derrocar[3] al gobierno del Frente Popular pronto se formó bajo el general Emilio Mola y otros líderes militares destacados. Mientras aumentaba la tensión, batallas callejeras entre grupos rivales, asesinatos, y huelgas[4] paralizaron la nación. Los campesinos en el sur comenzaron a apoderarse de la tierra y dividir algunas de las grandes haciendas. A mediados de 1936, en medio del conflicto entre facciones, muchos conspiradores estaban dispuestos a tomar medidas. El asesinato de José Calvo Sotelo, el líder de la oposición al Frente Popular, el 13 de julio de 1936 proveyó una justificación para la rebelión militar.

Guerra Civil:

. . . .

El 17 de julio de 1936, fuerzas militares españolas estacionadas en Marruecos se amotinaron[5] y proclamaron una revolución contra el gobierno electo de España. El levantamiento marcó el comienzo de la Guerra Civil Española. Muchas tropas con sede en España se unieron a la insurrección. Los rebeldes, o nacionalistas, no tardaron en encontrar un líder fuerte en el general Francisco Franco. Ellos fueron apoyados por las fuerzas conservadoras que incluyeron la Iglesia Católica, los propietarios de las haciendas, la Falange – un

---

[1] Pequeña
[2] Dio
[3] Quitar del poder
[4] Parar de trabajar de manera organizada
[5] Rebelaron

partido político de ideología fascista - y los monárquicos carlistas. Los partidarios del gobierno, conocidos como los republicanos, incluyeron la mayoría de los trabajadores, liberales, socialistas, comunistas y separatistas vascos y catalanes. Juan Negrín, un socialista moderado, lideró la causa republicana durante la mayor parte de la guerra.

Los nacionalistas esperaban tomar el poder con rapidez; no habían previsto un conflicto largo y sangriento. Al principio, las fuerzas nacionalistas hicieron grandes avances. El levantamiento tuvo éxito en las capitales de provincia de las zonas rurales de Castilla y León, como Burgos, Salamanca y Ávila. El control nacionalista también se extendió rápidamente en la mayor parte del oeste y sur de España. Sin embargo, los republicanos derrotaron[6] a los insurgentes en Madrid, Barcelona, Valencia y otras ciudades del este y del norte. Una prolongada guerra civil se produjo. El poder nacionalista fue más fuerte en la España rural, mientras que los republicanos dominaron las zonas industriales y urbanas más importantes. Muchos bastiones republicanos sufrieron una escasez[7] grave de alimentos debido al control nacionalista de las zonas agrícolas.

Tanto los nacionalistas como los republicanos recibieron ayuda extranjera. La Italia fascista y la Alemania nazi enviaron tropas, armas y aviones para ayudar a los nacionalistas. La Unión de Repúblicas Socialistas Soviéticas (URSS), proporcionó equipos militares y asesores[8] a los republicanos. Los republicanos también recibieron la ayuda de las Brigadas Internacionales, grupos formados por voluntarios idealistas procedentes de Europa y las Américas. Francia, el Reino Unido, y Estados Unidos se mantuvieron neutrales. A pesar de su preocupación de que una victoria nacionalista significara el establecimiento de una nueva dictadura militar, los gobiernos de esos países desconfiaban del Frente Popular por su asociación con el comunismo.

---

[6] Les ganaron a
[7] Falta, cantidad debajo de lo necesario
[8] Consejeros, supervisores

Las fuerzas nacionalistas estuvieron más unidas y mejor equipadas y entrenadas que sus adversarios republicanos. También se beneficiaron de grandes cantidades de ayuda extranjera y un bloqueo internacional contra España que fue aplicado principalmente contra el lado republicano. Franco tomó rápidamente el liderazgo militar y político de los nacionalistas. En septiembre de 1936 fue nombrado Generalísimo de las tropas nacionales y el Caudillo (el líder) de la España nacionalista. En abril de 1937 se fusionaron la Falange, los monárquicos y otros grupos nacionalistas en un solo partido bajo su control, la Falange Española Tradicionalista y la Junta Ofensiva Nacional Sindicalista (FET y JONS). Las filas republicanas estaban más divididas, obstaculizadas por conflictos internos y las rivalidades ideológicas. Los moderados querían que las fuerzas republicanas se concentraran en derrotar a los nacionalistas y aplazar[9] la reforma hasta después de la guerra. Otros grupos, entre ellos anarquistas, socialistas de izquierda, y los marxistas revolucionarios, querían la revolución inmediata. En algunas zonas los revolucionarios afirmaron la propiedad pública sobre la propiedad privada y convirtieron granjas y fábricas en comunas. Esto creó un caos económico y llevó a los conflictos armados entre los republicanos revolucionarios

"La bandera de La Falange"

---

[9]　Tardar

y antirrevolucionarios. Mientras tanto, la influencia del Partido Comunista Español sobre la estrategia republicana se expandió rápidamente debido a sus habilidades de organización y su control de las armas soviéticas.

Después de no poder apoderarse de Madrid, las fuerzas de Franco lanzaron una campaña en 1937 para conquistar las provincias vascas, Asturias y otras regiones industriales del norte de España. Durante esta campaña, el ejército nacionalista ejecutó los primeros bombardeos aéreos de la población civil, incluyendo el infame[10] ataque alemán que destruyó la ciudad vasca de Guernica – un evento inmortalizado en la obra maestra del pintor Pablo Picasso. Mientras la guerra continuaba, una serie de ofensivas nacionalistas tomaron control gradualmente de las regiones industrializadas del este de España. En marzo de 1939, las tropas nacionalistas finalmente tomaron Madrid después de una larga resistencia. Cuando las tropas

"Una reproducción del cuadro "Guernica" en un sello antiguo"

---

[10] Famoso por razones negativas

La lengua de las mariposas

de Franco entraron en la ciudad muerta de hambre, el resto de las fuerzas republicanas estaban demasiado divididas y agotadas[11] para seguir luchando. Madrid cayó el 28 de marzo, y Franco proclamó el triunfo de los nacionalistas el 1 de abril.

La guerra civil devastó España. Se estima que 500.000 personas murieron en los combates y gran parte de la infraestructura del país fue destruida. Entre 250.000 y 500.000 refugiados políticos abandonaron el país. La experiencia breve de la democracia fue reemplazada[12] por un régimen autoritario de Franco, quien gobernaría España como dictador durante los próximos 36 años hasta su muerte en 1975.

La dictadura franquista:

Una inusual paz vengativa siguió la guerra. Franco no hizo ningún intento de reconciliación nacional. Apasionadamente anticomunista, Franco caracterizó a los republicanos como anti-españoles y "rojos", un término que incluía a cualquier persona relacionada con la Segunda República. Durante décadas el gobierno de Franco persiguió a personas sospechosas de simpatías republicanas. En los primeros cuatro años después de la guerra, el gobierno encarceló a cientos de miles de personas y ejecutó a muchos miles de otros.

La dictadura recibió apoyo político del ejército, la Iglesia Católica, y la Falange, que se conoció como el Movimiento Nacional después de 1945. El Movimiento Nacional era la única organización política declarada legal en España, y el catolicismo se convirtió en la religión oficial del estado. El ejército protegió a la dictadura, mientras que la Iglesia Católica y el Movimiento Nacional dieron legitimidad al régimen de Franco. Las Cortes de Franco se redujeron a un órgano consultivo independiente con poco poder. La mayoría de los escaños[13] en las Cortes fueron ocupados por nombramiento o elección indirecta, y muchos miembros ocupaban cargos en la

---

11 Extremadamente cansadas
12 Sustituida
13 Nombre para un puesto en el parlamento que ocupa un representante

administración de Franco. Una vez en el poder, Franco revocó la mayoría de la legislación republicana que favorecía a los trabajadores y campesinos. Las huelgas estaban prohibidas, y el estado obligó a los trabajadores y dueños de negocios que se unieran a los sindicatos controlados por el gobierno. Franco respaldó[14] las rígidas leyes contra el aborto y el divorcio, y otorgó[15] el control de la educación a la Iglesia Católica. Comprometido con el ideal de una España culturalmente uniforme, Franco suprimió[16] los movimientos regionalistas de Cataluña, el País Vasco y Galicia. La censura de la prensa y la vigilancia estricta del gobierno en los políticos anti-dictadura restringieron la disidencia[17] y la oposición en toda España.

---

[14] Apoyó
[15] Dio
[16] Abolió, eliminó
[17] Oposición pública al gobierno

Identificación:

Da una descripción de cada organización, evento, o persona y explica su papel en el conflicto.

1. El Frente Popular:

2. La Falange:

3. José Calvo Sotelo:

4. Francisco Franco:

5. Juan Negrín:

6. La Italia fascista y la Alemania nazi:

7. Las Brigadas internacionales:

8. Guernica:

9. El Movimiento Nacional:

Temas de investigación:

1. ¿En cuáles maneras sirvió la Guerra Civil Española como un precursor de la Segunda Guerra Mundial?

2. ¿Quiénes son los intelectuales (poetas, pintores, figuras académicos, etc.) que se exiliaron después de la guerra? ¿Qué efecto puede tener esto en la sociedad?

3. ¿Qué es El Valle de los Caídos?

4. ¿Qué ocurrió el 20 de noviembre de 1975, y cómo afectó el país?

Contexto histórico y geográfico:

Galicia

. . . .

Galicia es una de las diecisiete comunidades autónomas de
España. Está situada en el noroeste de la Península Ibérica, al norte
de Portugal. Además de con Portugal al sur, comparte frontera
con las comunidades autónomas de Asturias y Castilla y León, y
está limitada al norte y al oeste por el Mar Cantábrico y el Océano
Atlántico. Una característica geográfica por la que sobresale Galicia
son sus abundantes ríos, y particularmente sus rías – áreas en las
que la desembocadura[18] de un río y el alto nivel del mar provocan
que el mar se interne[19] en la costa. Este fenómeno geomorfológico
contribuye a la extensa costa de Galicia, que mide aproximadamente
1.500 kilómetros (932 millas). A través de su historia, la mayoría de
los gallegos han habitado las zonas urbanas costeras, con casi un

---

[18]   La terminación de un río al mar
[19]   Penetra

La lengua de las mariposas

20 por ciento de la población en las ciudades de Vigo y A Coruña. La agricultura y la pesca siempre han sido el centro de la labor y la economía gallegas.

En los tres cuentos, la mayoría de las referencias geográficas citan lugares reales, según señala el mapa. Los dos lugares "imaginarios" son el Monte Sinaí y Santa Marta de Lombás. Aunque no existen, pertenecen a la memoria del autor Manuel Rivas de su infancia, y de la imaginación crece la memoria, formando lo que él llamó "una psicogeografía personal".

La participación de Galicia en la Guerra Civil Española fue escasa[20] y breve. Fue una de las primeras regiones en caer al golpe[21] de estado que plantearon las fuerzas militares, posiblemente debido a la gran influencia de la Iglesia Católica, que apoyó el golpe, y la extensa pobreza en las zonas rurales que, por lo tanto, buscaban el cambio político. Por la poca resistencia que mostró, Galicia nunca fue un campo de batalla.

Galicia también es una tierra de dos idiomas oficiales. Además del Español, frecuentemente llamado Castellano, se habla Gallego, un idioma románico[22] que se originó en Galicia y se desarrolló a través de varios siglos. Como muchos gallegos, el autor Manuel Rivas habla y escribe los dos idiomas. De hecho, Manuel Rivas suele escribir en Gallego y luego deja que las obras se traduzcan al Español y a otros idiomas. Al leer los cuentos La lengua de las mariposas, Un saxo en la niebla, y Carmiña se puede notar la presencia del Gallego con frecuencia.

---

[20] De poca significancia
[21] Revolución empezada por los militares
[22] Idioma que viene de Latín

Temas de investigación

A. ¿Quiénes eran los diferentes grupos de personas que han poblado Galicia a través de su historia? ¿Cómo eran los primeros habitantes?

B. ¿Qué es la gaita y qué papel ha tenido en la cultura gallega?

C. ¿Cuáles son los otros idiomas que se hablan en España aparte del castellano y el gallego? ¿Cómo son los otros idiomas? ¿Son semejantes todos los idiomas?

Enlace cultural: El Camino de Santiago

"Un mapa de la parte española de algunas rutas del Camino"

El Camino de Santiago es una ruta de peregrinación a la Catedral de Santiago de Compostela, donde, según la tradición católica, están enterrados los restos del apóstol Santiago. Los orígenes de la peregrinación datan del siglo IX, época de los reinos hispánicos en el norte de la península Ibérica, cuando se descubrió un cuerpo degollado[23] con la cabeza bajo el brazo, y en la misma tumba se hallaron reliquias[24] atribuidas al apóstol. En esa época fue una de las peregrinaciones más importantes y recorridas de la tradición cristiana, y el camino experimentó su máxima popularidad y relevancia en el siglo XI debido al comienzo de la proliferación cultural entre países europeos.

Santiago de Zebedeo, conocido como Santiago el Mayor, fue uno de los doce apóstoles de Jesucristo. El libro de Marcos enseña que recibió la llamada de Jesús mientras pescaba con su hermano, también apóstol, Juan, y que fue uno de sus primeros y más apreciados discípulos. Llegó a Hispania con el fin de evangelizar[25]

---

23 Con la cabeza separada del cuerpo
24 Objetos históricos de una época
25 Convertir a la gente al cristianismo

a la comunidad romana, comenzando en la zona de Gallaecia, lo cual es ahora la comunidad autónoma de Galicia. Según la historia católica, Santiago el Mayor murió martirizado por orden del rey Herodes por predicar[26] el catolicismo.

Después del descubrimiento de lo que serían los restos del apóstol Santiago en Compostela, el rey Alfonso II de Asturias ordenó la construcción de una capilla sobre la tumba. Esa tumba se convirtió en el destino de las primeras peregrinaciones. En 829 ampliaron la capilla a una iglesia, estructura que fue reducida a cenizas[27] por las tropas de Almanzor durante el extenso conflicto que existió entre los cristianos y los musulmanes que plagó España por más de setecientos años. El rey Alfonso VI ordenó que se iniciara la construcción de la catedral actual en 1075. El inmenso proyecto se llevó a cabo en 1122 y la catedral fue consagrada en 1128. A pesar de que varias investigaciones científicas han puesto en duda la autenticidad de lo que se halló en aquel sitio, tanto la iglesia católica como la leyenda popular española coinciden en que la catedral marca el paradero[28] actual de los restos de Santiago el Mayor.

Al llegar el siglo XX, el Camino había perdido importancia casi hasta el punto de dejar de existir. En los años sesenta hubo un esfuerzo de revitalización, en el cual un grupo de maestros señalizaron el Camino con el fin de actualizar la ruta original. Entre 1970 y 1992 eran escasos los peregrinos. En 1993, Año Santo Compostelano, el gobierno gallego decidió potenciar sus esfuerzos de promoción, esta vez buscando tanto a los peregrinos turistas como a los verdaderamente devotos. El esfuerzo tuvo mucho éxito: caminaron casi cien mil peregrinos. Desde entonces se ha mantenido un alto nivel de interés turístico y religioso con un promedio de más de 120.000 peregrinos al año desde el milenio.

"Una concha de vieira"

---

[26] Promocionar la religión
[27] Lo que queda después de un incendio
[28] La localidad

Para caminar hoy en día, cada peregrino necesita una credencial, que consiste en una libreta en la que uno va adquiriendo sellos de los albergues y bares que hospedan a cierto peregrino. El credencial además facilita el alojamiento en cualquiera de los numerosos albergues distribuidos por el Camino. Es costumbre que un peregrino lleve o traiga consigo una concha de vieira[29], que desde hace siglos es un símbolo de la peregrinación a Compostela.

Temas de investigación

A. Escoge una ciudad que aparece en el mapa del Camino e investiga las atracciones culturales de esa ciudad.

B. ¿Cuáles son algunas costumbres semejantes que ocurren en otras culturas?

C. Aunque el origen de la peregrinación es religiosa no todos los peregrinos son practicantes del catolicismo – algunos vienen de otras tradiciones religiosas, y otros dirían que no son religiosos. ¿Cuáles son algunos motivos no religiosos de hacer la peregrinación? ¿Harías tú el Camino? ¿Qué sería tu motivo?

---

[29] Scallop shell

LA LENGUA DE LAS MARIPOSAS

Vocabulario preliminar:

menudo

una vara

el sastre

el taller

sobrepasar

arrancar

la víspera

encogido/encoger

reírse a carcajadas

desvanecer

empapado

fijarse en

disimular

asombro/asombrar

dormir como un santo

el sapo

rezar

el ateo

hacerse malo

bondadoso

descorazonador

el discípulo

la República

procurar

el oficio

cruzarse con

suceder

el estruendo

envejecer

entristecer

el sollozo/sollozar

comprometer

la aldea

enlutado

el traidor

enloquecido

A practicar el vocabulario

1. Vestirse de negro en consideración a la muerte de algún familiar es estar _____ .

2. _____ es llorar descontroladamente.

3. La noche anterior a un evento se llama _____.

4. _____ es ponerse más pequeño.

5. El antónimo de alegrar es _____.

6. Un ruido fuerte y repentino: _____.

7. _____ es el lugar en el que trabaja un artista o artesano.

8. Para entender lo que se lee, es necesario _____ en el significado de las palabras.

9. Es normal que una persona _____ según avanza la edad.

10. Si alguien camina en la lluvia va a quedarse _____.

Preguntas personales:

1. ¿Te acuerdas de tu primer día de la escuela, o del primer día en una escuela nueva? ¿Cómo fue? ¿Cuáles emociones experimentabas? ¿Por qué le puede resultar difícil a alguien un día así?

2. ¿La religión es importante en tu familia o tu comunidad? ¿Cómo celebra la gente su identidad religiosa?

3. ¿Has tenido un maestro o una maestra con quien te llevabas muy bien o que te inspiró? Describe este maestro o esta maestra. ¿Cuántos años tenías? ¿Cuáles eran las características que tenía?

"¿Que hay, Pardal? Espero que por fin este año podamos ver la lengua de las mariposas."

El maestro aguardaba[1] desde hacía tiempo que les enviasen un microscopio a los de la Instrucción Pública. Tanto nos
5 hablaba de cómo se agrandaban las cosas **menudas** e invisibles por aquel aparato que los niños llegábamos a verlas de verdad, como si sus palabras entusiastas tuviesen el efecto de poderosas lentes[2].

"La lengua de la mariposa es una trompa enroscada[3] como
10 un muelle[4] de reloj. Si hay una flor que la atrae, la desenrolla y la mete en el cáliz[5] para chupar. Cuando lleváis un dedo humedecido[6] a un tarro[7] de azúcar, ¿a que sentís ya el dulce en la boca como si la yema fuese la punta de la lengua?[8] Pues así es la lengua de la mariposa."

15 Y entonces todos teníamos envidia de las mariposas. Qué maravilla. Ir por el mundo volando, con esos trajes de fiesta, y parar en flores como tabernas con barriles llenos de almíbar[9].

Yo quería mucho a aquel maestro. Al principio, mis padres no podían creerlo. Quiero decir que no podían entender cómo
20 yo quería a mi maestro. Cuando era un pequeñajo, la escuela era una amenaza terrible. Una palabra que se blandía en el aire como **una vara** de mimbre[10].

"¡Ya verás cuando vayas a la escuela!"

Dos de mis tíos, como muchos otros jóvenes, habían
25 emigrado a América para no ir de quintos[11] a la guerra de Marruecos. Pues bien, yo también soñaba con ir a América para no ir a la escuela. De hecho, había historias de niños que huían al monte para evitar aquel suplicio[12]. Aparecían a los dos o tres

---

1   aguardar: to await
2   lenses
3   coiled up probiscus (trunk of an insect)
4   spring
5   parte de una flor
6   wet, moistened
7   jar
8   ¿a que sentís... don't you taste the sweetness as if the tip of your finger were the tip of your tongue?
9   syrup
10 Una palabra... : a word brandished like a whipping cane
11 ir como tropas
12 tortura

días, ateridos y sin habla, como desertores del Barranco del Lobo[13].

Yo iba para seis años y todos me llamaban Pardal. Otros niños de mi edad ya trabajaban. Pero mi padre era **sastre** y no tenía tierras ni ganado[14]. Prefería verme lejos que no enredando en el pequeño **taller** de costura[15]. Así pasaba gran parte del día correteando[16] por la Alameda, y fue Cordeiro, el recogedor de basura y hojas secas, el que me puso el apodo: "Pareces un pardal."

Creo que nunca he corrido tanto como aquel verano anterior a mi ingreso en la escuela. Corría como un loco y a veces **sobrepasaba** el límite de la Alameda y seguía lejos, con la mirada puesta en la cima[17] del monte Sinaí, con la ilusión de que algún día me saldrían alas[18] y podría llegar a Buenos Aires. Pero jamás sobrepasé aquella montaña mágica.

"¡Ya verás cuando vayas a la escuela!"

Mi padre contaba como un tormento, como si le **arrancaran** las amígdalas[19] con la mano, la forma en que el maestro les arrancaba la jeada[20] del habla, para que no dijesen *ajua*, ni *jato* ni *jracias*. "Todas las mañanas teníamos que decir la frase *Los pájaros de Guadalajara tienen la garganta llena de trigo*. ¡Muchos palos[21] llevamos por culpa de Juadalagara!" Si de verdad me quería meter miedo, lo consiguió. La noche de **la víspera** no dormí. **Encogido** en la cama, escuchaba el reloj de pared en la sala con la angustia de un condenado[22]. El día llegó con una claridad de delantal de carnicero[23]. No mentiría si les hubiese dicho a mis padres que estaba enfermo.

El miedo, como un ratón, me roía las entrañas[24].

---

13 como desertores... : like one leaving the wolf's den
14 livestock
15 no enredando... : not messing things up in his workshop
16 corriendo
17 punto más alto
18 salirle alas: to grow wings
19 tonsils
20 error de pronunciación con j
21 golpes con un palo
22 condemned person
23 con una claridad... : with the clarity of a butcher's apron
24 me roía... : ate away at my guts

Y me meé[25]. No me meé en la cama, sino en la escuela.

Lo recuerdo muy bien, Han pasado tantos años y aún siento una humedad cálida y vergonzosa resbalando por las piernas. Estaba sentado en el último pupitre[26], medio agachado[27] con la esperanza de que nadie reparase en[28] mi presencia, hasta que pudiese salir y echar a volar por la Alameda.

"A ver, usted, ¡póngase de pie!"

El destino siempre avisa. Levanté los ojos y vi con espanto[29] que aquella orden iba para mí. Aquel maestro feo como un bicho me señalaba con la regla[30]. Era pequeña, de madera, pero a mí me pareció la lanza de Abd el Krim[31].

"¿Cuál es su nombre?"

"Pardal."

Todos los niños **rieron a carcajadas**. Sentí como si me golpeasen con latas en las orejas.

"¿Pardal?"

No me acordaba de nada. Ni de mi nombre. Todo lo que yo había sido hasta entonces había desaparecido de mi cabeza. Mis padres eran dos figuras borrosas[32] que **se desvanecían** en la memoria. Miré hacia el ventanal, buscando con angustia los árboles de la Alameda.

Y fue entonces cuando me meé.

Cuando los otros chavales se dieron cuenta, las carcajadas aumentaron y resonaban como latigazos[33].

Huí. Eché a correr como un locuelo con alas. Corría, corría como sólo se corre en sueños cuando viene detrás de uno el Hombre del Saco[34]. Yo estaba convencido de que eso era lo que hacía el maestro. Venir tras de mí. Podía sentir su aliento[35] en el cuello, y el de todos los niños, como jauría[36] de perros a la

---

[25] mearse: to pee oneself
[26] escritorio
[27] crouched
[28] reparar en: fijarse en
[29] miedo, terror
[30] ruler
[31] lanza: espada, Abd el Krim: guerrero árabe de leyenda
[32] nubladas, ambiguas
[33] lashes from a whip
[34] Spanish equivalent to The Boogie Man
[35] respiración
[36] conjunto de animales salvajes

La lengua de las mariposas

caza de un zorro. Pero cuando llegué a la altura del palco de la música y miré hacia atrás, vi que nadie me había seguido, y que estaba a solas con mi miedo, **empapado** de sudor y meo. El palco estaba vacío. Nadie parecía **fijarse en** mí, pero yo tenía la sensación de que todo el pueblo **disimulaba**, de que docenas de ojos censuradores me espiaban tras las ventanas y de que las lenguas murmuradoras[37] no tardarían en llevarles la noticia a mis padres. Mis piernas decidieron por mí. Caminaron hacia el Sinaí con una determinación desconocida hasta entonces. Esta vez llegaría hasta Coruña y embarcaría de polizón[38] en uno de eso barcos que van a Buenos Aires.

90

95

Desde la cima del Sinaí no se veía el mar, sino otro monte aún más grande, con peñascos recortados como torres de una fortaleza inaccesible[39]. Ahora recuerdo con una mezcla de **asombro** y melancolía lo que logré hacer aquel día. Yo solo, en la cima, sentado en la silla de piedra, bajo las estrellas, mientras que en el valle se movían como luciérnagas[40] los que con el candil[41] andaban en mi busca. Mi nombre cruzaba la noche a lomos de los aullidos de los perros[42]. No estaba impresionado. Era como si hubiese cruzado la línea del miedo. Por eso no lloré ni me resistí cuando apareció junto a mí la sombra recia[43] de Cordeiro. Me envolvió[44] con su chaquetón y me cogió en brazos. "Tranquilo, Pardal, ya pasó todo."

100

105

Aquella noche **dormí como un santo**, bien arrimado[45] a mi madre. Nadie me había reñido[46]. Mi padre se había quedado en la cocina, fumando en silencio, con los codos sobre el mantel de hule, las colillas amontonadas[47] en el cenicero de concha de vieira, tal como había sucedido cuando se murió la abuela.

110

---

[37] lenguas (personas) que producen chisme
[38] stowaway
[39] peñascos recortados... : jagged cliffs and towers of an inaccessible fortress
[40] lightning bugs
[41] lámpara natural
[42] a lomos... : on the back of the barks of the dogs
[43] fuerte, brusca
[44] envolver: to wrap up
[45] junto a, cerca de
[46] reñir; to scold
[47] las collilas amontonadas: piled up cigarrette butts

115   Tenía la sensación de que mi madre no me había soltado[48] la mano durante toda la noche.

     Así me llevó, cogido como quien lleva un serón[49], en mi regreso a la escuela. Y en esta ocasión, con el corazón sereno, pude fijarme por vez primera en el maestro. Tenía la cara de **un**
120 **sapo**.

     El sapo sonreía. Me pellizcó la mejilla con cariño. "Me gusta ese nombre, Pardal" Y aquel pellizco[50] me hirió como un dulce de café[51]. Pero lo más increíble fue cuando, en medio de un silencio absoluto, me llevó de la mano hacia su mesa y me
125 sentó en su silla. Él permaneció de pie, cogió un libro y dijo:

     "Tenemos un nuevo compañero. Es una alegría para todos y vamos a recibirlo con un aplauso."Pensé que me iba a mear de nuevo en los pantalones, pero sólo noté una humedad en los ojos. "Bien, y ahora vamos a empezar un poema. ¿A quién
130 le toca? ¿Romualdo? Venga, Romualdo, acércate. Ya sabes, despacito y en voz bien alta."

     A Romualdo los pantalones cortos le quedaban ridículos. Tenía las piernas muy largas y oscuras, con las rodillas llenas de heridas.

135   *Una tarde parda y fría...*

     "Un momento, Romualdo, ¿qué es lo que vas a leer?"
     "Una poesía, señor."
     "¿Y cómo se titula?"
     "*Recuerdo infantil*. Su autor es don Antonio Machado."
140   "Muy bien, Romualdo, adelante. Con calma y en voz alta. Fíjate en la puntuación."

     El llamado Romualdo, a quien yo conocía de acarrear[52] sacos de piñas como niño que era de Altamira, carraspeó[53] como un viejo fumador de picadura y leyó con una voz increíble,
145 espléndida, que parecía salida de la radio de Manolo Suárez, el

---

[48]   soltar: opuesto de arrancar
[49]   cogido como... :brought as if in a large basket
[50]   pinch
[51]   me hirió... : struck me like a coffee flavored sweet (candy)
[52]   llevar en carrito
[53]   carraspear: to rasp (as in a voice)

indiano de Montevideo.

> *Una tarde parda y fría*
> *de invierno. Los colegiales*
> *estudian. Monotonía*
> *de lluvia tras los cristales.*   150
> *Es la clase. En un cartel*
> *se representa a Caín*
> *fugitivo y muerto Abel,*
> *junto a una mancha carmín*[54]*...*

"Muy bien. ¿Que significa monotonía de lluvia,   155
Romualdo?", preguntó el maestro.
"Que llueve sobre mojado, don Gregorio."

"**¿Rezaste**?", me preguntó mamá, mientras planchaba la
ropa que papá había cosido[55] durante el día. En la cocina, la olla
de la cena despedía un aroma amargo de nabiza[56].   160

"Pues sí", dije yo no muy seguro. "Una cosa que hablaba de
Caín y Abel."

"Eso está bien", dijo mamá, "no sé por qué dicen que el
nuevo maestro es **un ateo**."

"¿Qué es un ateo?"   165

"Alguien que dice que Dios no existe." Mamá hizo un gesto
de desagrado[57] y pasó la plancha con energía por las arrugas[58] de
un pantalón.

"¿Papá es un ateo?" Mamá apoyó la plancha y me miró
fijamente.   170

"¿Cómo va a ser papá un ateo? ¿Cómo se te ocurre
preguntar esa bobada[59]?"

Yo había oído muchas veces a mi padre blasfemar contra
Dios. Lo hacían todos los hombres. Cuando algo iba mal,
escupían[60] en el suelo y decían esa cosa tremenda contra Dios. 175

---

54 una marca de sangre
55 coser: to sew
56 aroma amargo de nabiza: a bitter smell of turnip
57 estado de ser desagradable
58 wrinkles
59 declaración tonta o ridícula
60 escupir: to spit

Decían las dos cosas: me cago en Dios[61], me cago en el demonio. Me parecía que sólo las mujeres creían realmente en Dios.

"¿Y el demonio? ¿Existe el demonio?"

"¡Por supuesto!"

180 El hervor hacía bailar la tapa de la cacerola[62]. De aquella boca mutante salían vaharadas[63] de vapor y gargajos de espuma y verdura[64]. Una mariposa nocturna revoloteaba[65] por el techo alrededor de la bombilla[66] que colgaba del cable trenzado[67]. Mamá estaba enfurruñada[68] como cada vez que tenía que
185 planchar. La cara se le tensaba cuando marcaba la raya de las perneras[69]. Pero ahora hablaba en un tono suave y algo triste, como si se refiriese a un desvalido[70].

"El demonio era un ángel, pero **se hizo malo**."

La mariposa chocó con la bombilla, que se bamboleó
190 ligeramente[71] y desordenó las sombras.

"Hoy el maestro ha dicho que las mariposas también tienen lengua, una lengua finita y muy larga, que llevan enrollada como el muelle de un reloj. Nos la va a enseñar con un aparato que le tienen que enviar de Madrid. ¿A que[72] parece mentira eso
195 de que las mariposas tengan lengua?"

"Si él lo dice, es cierto. Hay muchas cosas que parecen mentira y son verdad. ¿Te ha gustado la escuela?"

"Mucho. Y no pega. El maestro no pega."

No, el maestro don Gregorio no pegaba. Al contrario, casi
200 siempre sonreía con su cara de sapo. Cuando dos se peleaban durante el recreo, él los llamaba, "parecéis carneros[73]", y hacía que se estrecharan la mano[74]. Después los sentaba en el mismo pupitre. Así fue como conocí a mi mejor amigo, Dombodán,

---

61 expression muy vulgar, pero común
62 El hervor... : The boiling shook the top of the pot
63 puffs
64 gargajos de... : gobs of foam and vegetable
65 revolotear: to flutter, fly around
66 light bulb
67 braided
68 estar enfurruñada: to be in a huff
69 cuando marcaba... : as she marked/ironed the line of the leg
70 una persona incapaz de cuidarse
71 bambolear ligeramente: to swing lightly
72 ¿A que? : Doesn't it?
73 carnero: ram
74 estrechar la mano: dar la mano

grande, **bondadoso** y torpe. Había otro chaval, Eladio,
que tenía un lunar[75] en la mejilla, al que le hubiera zurrado[76]   205
con gusto, pero nunca lo hice por miedo a que el maestro
me mandase darle la mano y que me cambiase del lado de
Dombodán. La forma que don Gregorio tenía de mostrarse muy
enfadado era el silencio.

    "Si vosotros no os calláis, tendré que callarme yo."   210

    Y se dirigía[77] hacia el ventanal, con la mirada
ausente, perdida en el Sinaí. Era un silencio prolongado,
descorazonador, como si nos hubiese dejado abandonados
en un extraño país. Pronto me di cuenta de que el silencio del
maestro era el peor castigo imaginable. Porque todo lo que él   215
tocaba era un cuento fascinante. El cuento podía comenzar
con una hoja de papel, después de pasar por el Amazonas y
la sístole y diástole[78] del corazón. Todo conectaba, todo tenía
sentido. La hierba, la lana, la oveja, mi frío. Cuando el maestro
se dirigía hacia el mapamundi, nos quedábamos atentos como   220
si se iluminase la pantalla del cine Rex. Sentíamos el miedo de
los indios cuando escucharon por vez primera el relinchar[79] de
los caballos y el estampido del arcabuz[80]. Íbamos a lomos de
los elefantes de Aníbal de Cartago por las nieves de los Alpes,
camino de Roma. Luchábamos con palos y piedras en Ponte   225
Sampaio[81] contra las tropas de Napoleón. Pero no todo eran
guerras. Fabricábamos hoces y rejas de arado[82] en las herrerías
del Incio. Escribíamos cancioneros de amor en la Provenza
y en el mar de Vigo. Construíamos el Pórtico de la Gloria.
Plantábamos las patatas que habían venido de América. Y a   230
América emigramos cuando llegó la peste de la patata[83].

    "Las patatas vinieron de América", le dije a mi madre a la
hora de comer, cuando me puso el plato delante.

---

[75]   un lunar: a mole/beauty mark
[76]   zurrar: to thrash
[77]   miraba
[78]   la sístole y diástole: partes del corazón
[79]   el relinchar: the neigh
[80]   el arcabuz: the first rifle
[81]   En 1809, durante de la Guerra de Independencia, las tropas gallegas derrotaron a las tropas
     francesas en este sitio
[82]   hoces y rejas de arado: herramientas de un campesino
[83]   la peste de la patata: potato famine

"¡Que iban a venir de América![84] Siempre ha habido patatas",
235 sentenció ella.

"No, antes se comían castañas[85]. Y también vino de América
el maíz." Era la primera vez que tenía clara la sensación de
que gracias al maestro yo sabía cosas importantes de nuestro
mundo que ellos, mis padres, desconocían.

240 Pero los momentos más fascinantes de la escuela eran
cuando el maestro hablaba de los bichos. Las arañas de agua
inventaban el submarino. Las hormigas cuidaban de un ganado
que daba leche y azúcar y cultivaban setas[86]. Había un pájaro
en Australia que pintaba su nido de colores con una especie
245 de óleo que fabricaba con pigmentos vegetales. Nunca me
olvidaré. Se llamaba el tilonorrinco. El macho[87] colocaba una
orquídea en el nuevo nido para atraer a la hembra[88].

Tal era mi interés que me convertí en el suministrador[89]
de bichos de don Gregorio y él me acogió como el mejor
250 **discípulo**. Había sábados y festivos que pasaba por mi casa e
íbamos juntos de excursión. Recorríamos las orillas del río[90],
las gándaras, el bosque y subíamos al monte Sinaí. Cada uno
de esos viajes era para mí como una ruta del descubrimiento.
Volvíamos siempre con un tesoro[91]. Una mantis. Un caballito
255 del diablo. Un ciervo volante. Y cada vez una mariposa distinta,
aunque yo sólo recuerdo el nombre de una a la que el maestro
llamó Iris, y que brillaba hermosísima posada en el barro o el
estiércol[92].

Al regreso, cantábamos por los caminos como dos viejos
260 compañeros. Los lunes, en la escuela, el maestro decía: "Y
ahora vamos a hablar de los bichos de Pardal."

Para mis padres, estas atenciones del maestro eran un
honor. Aquellos días de excursión, mi madre preparaba la

---

[84] ¡Qué iban...: What do you mean they came from America?
[85] chestnuts
[86] champiñones
[87] ave masculino
[88] ave femenino
[89] supplier
[90] recorrer las orillas: to go around the river banks
[91] treasure
[92] que brillaba... : that shined beautifully in the mud or manure

merienda[93] para los dos: "No hace falta, señora, yo ya voy comido", insistía don Gregorio. Pero a la vuelta decía: "Gracias, señora, exquisita la merienda." 265

"Estoy segura de que pasa necesidades[94]", decía mi madre por la noche.

"Los maestros no ganan lo que tendrían que ganar", sentenciaba, con sentida solemnidad, mi padre. "Ellos son las luces de **la República**." 270

"¡La República, la República! ¡Ya veremos adónde va a parar la República!"

Mi padre era republicano. Mi madre no. Quiero decir que mi madre era de misa diaria[95] y los republicanos aparecían como enemigos de la Iglesia. **Procuraban** no discutir cuando yo estaba delante, pero a veces los sorprendía. 275

"¿Qué tienes tú contra Azaña[96]? Eso es cosa del cura, que os anda calentando la cabeza[97]."

"Yo voy a misa a rezar", decía mi madre. 280

"Tú sí, pero el cura no."

Un día que don Gregorio vino a recogerme para ir a buscar mariposas, mi padre le dijo que, si no tenía inconveniente, le gustaría tomarle las medidas[98] para un traje.

"¿Un traje?" 285

"Don Gregorio, no lo tome usted a mal. Quisiera tener una atención[99] con usted. Y yo lo que sé hacer son trajes."

El maestro miró alrededor con desconcierto.

"Es mi **oficio**", dijo mi padre con una sonrisa.

"Respeto mucho los oficios", dijo por fin el maestro. 290

Don Gregorio llevó puesto aquel traje durante un año, y lo llevaba también aquel día de julio de 1936, cuando **se cruzó conmigo** en la alameda, camino del ayuntamiento[100].

"¿Qué hay, Pardal? A ver si este año por fin podemos verle la lengua a las mariposas." 295

---

93 una comida
94 pasar necesidades: tener cosas/objetos que se necesita/no puede comprar/pagar
95 servicio religioso de cada día
96 Manuel Azaña: Primer Ministro de la República
97 calentar la cabeza: to get someone riled up – literally to heat one's head
98 tomarle medida: medir a alguien (para un traje)
99 tener una atención con: hacerle un favor a alguien
100 el edificio del gobierno del pueblo

Algo extraño estaba **sucediendo**. Todo el mundo parecía tener prisa, pero no se movía. Los que miraban hacia delante, se daban la vuelta[101]. Los que miraban para la derecha, giraban hacia la izquierda. Cordeiro, el recogedor de basura y hojas
300 secas, estaba sentado en un banco[102], cerca del palco de la música. Yo nunca había visto a Cordeiro sentado en un banco. Miró hacia arriba, con la mano de visera[103]. Cuando Cordeiro miraba así y callaban los pájaros, era que se avecinaba[104] una tormenta.

305 Oí el **estruendo** de una moto solitaria. Era un guardia con una bandera sujeta[105] en el asiento de atrás. Pasó delante del ayuntamiento y miró para los hombres que conversaban inquietos en el porche. Gritó: "¡Arriba España!" Y arrancó[106] de nuevo la moto dejando atrás una estela de explosiones[107].

310 Las madres empezaron a llamar a sus hijos. En casa, parecía que la abuela se hubiese muerto otra vez. Mi padre amontonaba colillas en el cenicero y mi madre lloraba y hacía cosas sin sentido, como abrir el grifo[108] de agua y lavar los platos limpios y guardar los sucios.

315 Llamaron a la puerta y mis padres miraron el pomo[109] con desazón[110]. Era Amelia, la vecina, que trabajaba en casa de Suárez, el indiano.

"¿Sabéis lo que está pasando? En Coruña, los militares han declarado el estado de guerra. Están disparando[111] contra el
320 Gobierno Civil."

"¡Santo Cielo!", se persignó[112] mi madre.

"Y aquí", continuó Amelia en voz baja, como si las paredes oyesen, "dicen que el alcalde llamó al capitán de carabineros[113],

---

101 Los que miraban... : Those who looked forward, turned around
102 bench, curb
103 con la mano de visera: using his hand as a visor
104 avecinar: acercar
105 tied (to)
106 arrancar: to start (a vehicle)
107 una estela de explosiones: a trail of explosions (pops from an engine)
108 abrir el grifo: turn on the faucet
109 door knob
110 sentimiento desagradable
111 disparar: to shoot
112 persignarse: to cross oneself
113 policías

pero que éste[114] mandó decir que estaba enfermo."

Al día siguiente no me dejaron salir a la calle. Yo miraba por la ventana y todos los que pasaban me parecían sombras encogidas[115], como si de repente hubiese llegado el invierno y el viento arrastrase[116] a los gorriones de la Alameda como hojas secas.

Llegaron tropas de la capital y ocuparon el ayuntamiento. Mamá salió para ir a misa, y volvió pálida y **entristecida**, como si hubiese **envejecido** en media hora.

"Están pasando cosas terribles, Ramón", oí que le decía, entre **sollozos**, a mi padre. También él había envejecido. Peor aún[117]. Parecía que hubiese perdido toda voluntad. Se había desfondado[118] en un sillón y no se movía. No hablaba. No quería comer.

"Hay que quemar las cosas que te **comprometan**, Ramón. Los periódicos, los libros. Todo."

Fue mi madre la que tomó la iniciativa durante aquellos días. Una mañana hizo que mi padre se arreglara bien[119] y lo llevó con ella a misa. Cuando regresaron, me dijo: "Venga, Moncho, vas a venir con nosotros a la Alameda." Me trajo la ropa de fiesta y mientras me ayudaba a anudar[120] la corbata, me dijo con voz muy grave: Recuerda esto, Moncho. Papá no era republicano. Papá no era amigo del alcalde. Papá no hablaba mal de los curas. Y otra cosa muy importante, Moncho. Papá no le regaló un traje al maestro."

"Sí que se lo regaló."

"No, Moncho. No se lo regaló. ¿Has entendido bien? ¡No se lo regaló!"

"No, mamá, no se lo regaló."

Había mucha gente en la Alameda, toda con ropa de domingo. También habían bajado algunos grupos de las **aldeas**, mujeres **enlutadas**, paisanos viejos con chaleco

---

[114] él, refiriendo al capitán de la policía
[115] sombras encogidas: shrunken shadows
[116] arrastrar: to sweep away
[117] Even worse
[118] desfondarse: dejarse caer
[119] arreglarse bien: vestirse bien - elegantemente
[120] to knot (a tie)

y sombrero[121], niños con aire asustado, precedidos por algunos hombres con camisa azul y pistola al cinto[122]. Dos filas de soldados abrían un pasillo desde la escalinata[123] del ayuntamiento hasta unos camiones con remolque entoldado[124], como los que se usaban para transportar el ganado en la feria grande. Pero en la Alameda no había el bullicio[125] de las ferias, sino un silencio grave de Semana Santa. La gente no se saludaba. Ni siquiera parecían reconocerse los unos a los otros. Toda la atención estaba puesta en la fachada[126] del ayuntamiento.

Un guardia entreabrió[127] la puerta y recorrió el gentío con la mirada[128]. Luego abrió del todo e hizo un gesto con el brazo. De la boca oscura del edificio, escoltados[129] por otros guardias, salieron los detenidos. Iban atados de pies y manos, en silente cordada[130]. De algunos no sabía el nombre, pero conocía todos aquellos rostros[131]. El alcalde, los de los sindicatos, el bibliotecario del ateneo Resplandor Obrero, Charli, el vocalista de la Orquesta Sol y Vida, el cantero al que llamaban Hércules, padre de Dombodán...Y al final de la cordada, chepudo[132] y feo como un sapo, el maestro.

Se escucharon algunas órdenes y gritos aislados que resonaron el la Alameda como petardos[133]. Poco a poco, de la multitud fue saliendo un murmullo[134] que acabó imitando aquellos insultos.

"¡**Traidores**! ¡Criminales! ¡Rojos!"

"Grita tu también, Ramón, por lo que más quieras, ¡grita!"

Mi madre llevaba a papá cogido del brazo, como si lo sujetase[135]

---

[121] vest and hat
[122] cinto: cinturón
[123] las ecaleras
[124] remolque entoldado: a covered trailer
[125] ruido producido por un grupo de gente
[126] la frente de un edificio
[127] entreabrir: abrir en parte
[128] recorrió... : miró a la gente de lado a lado
[129] escoltar: to escort
[130] cola de gente, conectada con cuerda
[131] rostros: caras
[132] chepudo: hunched over
[133] rockets
[134] murmur
[135] sujetar: to hold (up)

con todas sus fuerzas para que no desfalleciera[136]. "¡Que vean
que gritas, Ramón, que vean que gritas!"   385

Y entonces oí cómo mi padre decía: "¡Traidores!" con un
hilo de voz[137]. Y luego, cada vez más fuerte,"¡Criminales! ¡Rojos!"
Soltó del brazo a mi madre y se acercó más a la fila de los
soldados, con la mirada enfurecida hacia el maestro. "¡Asesino!
¡Anarquista! ¡Comeniños!"   390

Ahora mamá trataba de retenerlo y le tiró de la chaqueta
discretamente. Pero él estaba fuera de sí[138]."¡Cabrón! ¡Hijo
de mala madre!" Nunca le había oído llamar eso a nadie, ni
siquiera al árbitro en el campo de fútbol. "Su madre no tiene
culpa, ¿eh, Moncho?, recuerda eso."   395

Pero ahora se volvía hacía mí **enloquecido** y me
empujaba[139] con la mirada, los ojos llenos de lágrimas y sangre.
"¡Grítale tú también, Mochiño, grítale tú también!"

Cuando los camiones arrancaron, cargados de presos[140],
yo fui uno de los niños que corrieron detrás, tirando piedras. 400
Buscaba con desesperación el rostro del maestro para llamarle
traidor y criminal. Pero el convoy era ya una nube de polvo a lo
lejos y yo, en el medio de la Alameda, con los puños[141] cerrados,
sólo fui capaz de murmurar con rabia: "¡Sapo! ¡Tilonorrinco!
¡Iris!"

---

[136] desfallecer: to fall, faint
[137] un hilo de voz: una voz débil, afectada
[138] fuera de sí: out of sorts, not himself
[139] empujar: to push, urge
[140] presos: prisioneros, detenidos
[141] el puño: la mano cerrada fuertemente

Cuestionario

1. ¿Qué percepción tenía Pardal de la escuela? ¿Cómo formó esa idea en su cabeza?

2. ¿Qué le pasó a Pardal el primer día de la escuela cuando el maestro le preguntó su nombre?

3. ¿Cómo reaccionó cuando los otros estudiantes se rieron de él? ¿Cuál era su plan?

4. ¿Cuál es la pregunta de la mamá después del segundo día de la escuela? ¿Es interesante la respuesta de Pardal?

5. ¿Por qué pregunta tal cosa la mamá?

6. ¿Cómo reaccionaba Don Gregorio cuando los estudiantes no se concentraban? ¿Por qué fue eficaz esa estrategia?

7. ¿Cuál era el tema preferido de Pardal en la escuela?

8. ¿Qué es un *tilonorrinco*?

9. ¿Cómo era la relación entre Don Gregorio y Pardal? ¿Qué opinaban sus padres de eso?

10. ¿Cómo se manifestaban las diferencias políticas entre los padres de Pardal?

11. ¿Cómo percibió Pardal el cambio en el pueblo?

12. ¿Quiénes eran los detenidos?

13. ¿Por qué la mamá les exigía al papá y a Pardal que gritaran contra ellos?

14. ¿Qué le gritó Pardal al maestro al final? ¿Por qué?

Vocabulario en contexto

1. La madre quiere saber si los estudiantes _____ porque para ella es muy importante la religión.

2. _____ del padre es sastre – trabaja en un taller de costura.

3. El padre llama _____ a los presos, pero lo hace sólo para disimular. No piensa que ellos hayan cometido un crimen contra su país.

4. En la escuela Pardal es uno de los _____ predilectos porque tiene tanto interés en el mundo natural.

5. Cuando Pardal huyó al monte Sinaí, fue la primera vez que había _____ el límite de la Alameda.

6. Los compañeros de Pardal _____ cuando escucharon su nombre porque les parecía raro.

7. La madre le explica a Pardal que el Demonio era un ángel, pero _____ y desde entonces es el enemigo de Dios.

8. Parece que Pardal, a la edad de seis años, no entendía bien lo que estaba _____ en el Ayuntamiento. Sólo gritó por confusión y porque le obligaron.

9. El padre grita como una persona _____, no una persona sana.

10. En la época de los parientes de Pardal, los maestros _____ las orejas de los chicos o los golpearon con _____.

Combina las tres palabras para formar una frase lógica

1. descorazonador / la aldea / entristecer

2. procurar / disimular / el asombro

3. rezar / la víspera / dormir como un santo

Ensayos

A. ¿Cómo se nota la confusión de Pardal al final del cuento? ¿Por qué le confundió tanto la situación?

B. ¿Cómo se transforma la idea de la escuela a través del cuento?

C. ¿Por qué el padre les grita a los detenidos? ¿Estás de acuerdo con lo que hizo, o tú habrías hecho algo diferente?

Temas y símbolos / notas literarias: Comenta cada uno

A. La relevancia de *Recuerdo infantil* y la historia de Caín y Abel.

B. Paralelos entre la acción/el diálogo del cuento y el lenguaje descriptivo.

C. Representaciones Republicanas y Nacionalistas en el cuento.

UN SAXO EN LA NIEBLA

Vocabulario preliminar:

la herramienta
el sindicato
el piropo
el anochecer
el aprendiz/los aprendices
embrujar/embrujado
la desazón
disimular
no hay marcha atrás
el repertorio
padecer
la bendición

agradecer
disminuir
recio
blandir
la blasfemia
asomar
el farsante
alojar/alojarse
el trastorno
hechizar/hechizado
desfallecer
el vaivén
animar

atónito
la cicatriz/las cicatrices
el pudor
jugarle (a alguien)
engancharse
embobado
despectivo
darle igual
huir
dejarse ir
aullar

A practicar el vocabulario

1. Una marca que queda en el cuerpo después de una cirugía o una herida grave: _____

2. Una persona que estudia algo de un maestro es _____

3. _____ es un sentimiento de vergüenza o incomodidad.

4. Invocar a Dios para dar suerte o buena fortuna: _____

5. Los lobos _____ durante la noche.

6. Un cuento fascinante puede _____ a una audiencia por lo interesante que es.

7. El antónimo de ponerse más fuerte es _____.

8. _____ es la parte del día cuando el sol pone y se oscurece.

9. A muchas personas _____ la política. No favorecen ni a un partido ni a otro.

10. Cuando una persona visita una ciudad extranjera _____ en un hotel.

Preguntas personales

1. ¿Tocas tú un instrumento? ¿Fue difícil el proceso de aprender? ¿Cuáles son las características que necesita una persona que aprende a tocar?

2. Describe la primera vez que viajaste a solas a un lugar. ¿Fue difícil estar fuera de tu casa? ¿Había algunas diferencias notables de costumbre a las que tenías que acostumbrarte?

3. ¿Hay un lugar que idealizas aunque no lo conoces? ¿Cómo imaginas el lugar? ¿Por qué tienes una imagen tan positiva o idealizada?

Uno

Un hombre necesitaba dinero con urgencia para pagarse un pasaje a América. Este hombre era amigo de mi padre y tenía un saxofón. Mi padre era carpintero y hacía carros del país con ruedas de roble y eje de aliso[1]. Cuando los hacía, silbaba. Inflaba las mejillas como pechos de petirrojo[2] y sonaba muy bien, a flauta y violín, acompañado por la percusión noble de las **herramientas** en la madera[3]. Mi padre le hizo un carro a un labrador rico, sobrino del cura, y luego le prestó el dinero al amigo que quería ir a América. Este amigo había tocado tiempo atrás[4], cuando había un **sindicato** obrero y este sindicato tenía una banda de música. Y se lo regaló a mi padre el día en que se embarcó para América. Y mi padre lo depositó en mis manos con mucho cuidado, como si fuera de cristal.

-A ver si algún día llegas a tocar el *Francisco alegre, corazón mío.*

Le gustaba mucho aquel pasodoble[5].

Yo tenía quince años y trabajaba de peón de albañil[6] en la obra de Aduanas, en el puerto de Coruña. Mi herramienta era un botijo[7]. El agua de la fuente de Santa Margarida era la más apreciada por los hombres. Iba por ella muy despacio, mirando los escaparates[8] de los comercios y de la fábrica de Chocolate Exprés en la Plaza de Lugo. Había también una galería con tres jaulas[9] de pájaros de colores y un ciego que vendía el cupón[10] y le decía **piropos** a las lecheras[11]. A veces, tenía que hacer cola en la fuente porque había otros chicos con otros botijos y que venían de otras obras. Nunca hablábamos entre nosotros. De

---

[1] Wheeled carts of oak and alder
[2] Tipo de pájaro
[3] Wood
[4] Tiempo atrás = en el pasado
[5] Tipo de canción
[6] Peón de albañil = Bricklayer's helper
[7] Jarro de agua
[8] La ventanas de las tiendas
[9] (Bird)cage
[10] Billete de lotería
[11] Mujeres que repartían leche a las casas

regreso a la obra, caminaba deprisa[12]. Los obreros bebían el agua y yo volvía a caminar hacia la fuente, y miraba el escaparate de la fábrica de Chocolate Exprés, y la galería con las tres jaulas de pájaros, y paraba delante del ciego que ahora le decía piropos a las pescadoras.

    Cuando hacía el último viaje del día y dejaba el botijo, cogía el maletín[13] del saxo.

    Durante dos horas, al **anochecer**, iba a clases de música con don Luis Braxe, en la calle de Santo Andrés. El maestro era pianista, tocaba en un local nocturno de *varietés*[14] y se ganaba la vida[15] también así, con **aprendices**. Dábamos una hora de solfeo[16] y otra con el instrumento. La primera vez me dijo: «Cógelo así, firme y con cariño, como si fuera una chica». No sé si lo hizo adrede[17], pero aquélla fue la lección más importante de mi vida. La música tenía que tener el rostro[18] de una mujer a la que enamorar. Cerraba los ojos para imaginarla, para ponerle color a su pelo y a sus ojos, pero supe que mientras sólo saliesen de mi saxo rebuznos de asno[19], jamás existiría esa chica. Durante el día, en el ir y venir a la fuente de Santa Margarida, caminaba **embrujado** con mi botijo, solfeando por lo bajo, atento sólo a las mujeres que pasaban. Como el ciego del cupón.

    Llevaba poco más de un año de música con don Luis cuando me pasó una cosa extraordinaria. Después de salir de clase, me paré ante el escaparate de Calzados Faustino, en el Cantón. Estaba allí, con mi maletín, mirando aquellos zapatos como quien mira una película de Fred Astaire[20], y se acercó un hombre muy grandote, calvo[21], la frente enorme como el dintel[22] de una puerta.

30

35

40

45

50

55

---

12   Rápidamente, con prisa
13   Maleta para llevar el saxo
14   Nightclub with a variety show
15   Ganarse la vida = ganar dinero
16   Practicar las notas musicales
17   A propósito
18   La cara
19   Donkey sounds
20   Como quien... As if I were watching a Fred Astaire film
21   Sin pelo
22   Door frame

-¿Qué llevas ahí, chaval[23]? -me preguntó sin más.

-¿Quién, yo?

-Sí, tú. ¿Es un instrumento, no?

Tan ancho y alto, embestía con la cabeza y llevaba los largos brazos caídos, como si estuviera cansado de tirar de la bola del mundo[24].

-Es un saxo.

-¿Un saxo? Ya decía yo que tenía que ser un saxo. ¿Sabes tocarlo?

Recordé la mirada paciente del maestro. Vas bien, vas bien. Pero había momentos en que don Luis no podía **disimular** y la **desazón** asomaba en sus ojos como si, en efecto, yo hubiese dejado caer al suelo una valiosa pieza de vidrio[25].

-Sí, claro que sabes- decía ahora aquel extraño que nunca me había escuchado tocar -Seguro que sabes.

Así entré en la Orquesta Azul. Aquel hombre se llamaba Macías, era el batería[26] y un poco el jefe. Necesitaba un saxo para el fin de semana y allí lo tenía. Para mis padres no había duda. Hay que subirse al caballo cuando pasa ante uno.

-¿Sabes tocar *el Francisco alegre*? ¿Sabes, verdad? Pues ya está.

Me había dado una dirección para acudir[27] al ensayo[28]. Cuando llegué allí, supe que ya **no había marcha atrás**. El lugar era el primer piso de la fábrica de Chocolate Exprés. De hecho, la Orquesta Azul tenía un suculento contrato publicitario.

> *Chocolate Exprés*
> ¡Ay qué rico es!

Había que corear[29] esa frase tres o cuatro veces en cada actuación. A cambio, la fábrica nos daba una tableta de chocolate a cada uno. Hablo del año 49, para que se me

---

[23] Denominación cariñosa
[24] como si... like he had tired from carrying the world (reference to Atlas)
[25] yo hubiese... I had dropped a valuable glass piece
[26] Drummer
[27] Ir, asistir
[28] Rehearsal
[29] Cantar en coro, harmonía

entienda. Había temporadas de insípidos[30] olores, de caldo, de mugre, de pan negro[31]. Cuando llegabas a casa con chocolate, los ojos de los hermanos pequeños se encendían[32] como candelas ante un santo. Sí, qué rico era el Chocolate Exprés.

> *Desde allende los mares[33],*
> *El crepúsculo en popa[34],*
> *La Orquesta Azul.*
> *¡La Orquesta Azul!*

En realidad, la Orquesta Azul no había pasado la Marola[35]. Había actuado una vez en Ponferrada, eso sí. Pero era la forma garbosa[36] de presentarse por aquel entonces[37]. América era un sueño, también para las orquestas gallegas. Corría la leyenda de que si conseguías un contrato para ir a tocar a Montevideo y Buenos Aires, podías volver con sombrero y con ese brillo sano que se le pone a la cara cuando llevas la cartera llena[38]. Si yo fuera con el botijo, tardaría día y noche en recorrer una avenida de Buenos Aires y el agua criaría ranas[39]. Eso me lo dijo uno de la obra. Muchas orquestas llevaban nombre americano. Había la orquesta Acapulco, que era de la parte de la montaña, y se presentaba así:

> *Tintintín, tirititín...*
> *Nos dirigimos a nuestro distinguido público en castellano*
> *ya que el gallego lo hemos olvidado después de nuestra última*
> *gira por Hispanoamérica.*
> *¡Maníííiiii!*
> *Si te quieres un momento divertir,*
> *cómprate un cucuruchito de maní...*

---

[30]   Desagradables
[31]   Broth, grime, black bread
[32]   Lit up
[33]   Overseas
[34]   en popa: detrás
[35]   La Marola: La confluencia algunas rías
[36]   Flashy
[37]   por aquel entonces: en esa época histórica
[38]   con sombrero y... con posesiones lujosos y mucho dinero
[39]   criaría ranas: the water would get frogs in it (from being unused)

También había orquestas que llevaban el traje de mariachi. La cosa mejicana[40] siempre gustó mucho en Galicia. En todas las canciones había un caballo, un revólver y una mujer con nombre de flor. ¿Qué más necesita un hombre para ser el rey?

La Orquesta Azul también le daba a los corridos[41]. Pero el **repertorio** era muy variado: boleros, cumbias, pasodobles, cuplés, polcas, valses, jotas gallegas, de todo. Una cosa seria, ocho hombres en el palco[42], con pantalón negro y camisas de color azul con chorreras de encaje blanco y vuelos en las mangas[43].

Macías trabajaba durante la semana en Correos. Lo imaginaba poniendo sellos y tampones como quien bate en platos y bombos. El vocalista se llamaba Juan María. Era barbero. Un hombre con mucha percha[44]. Muchas chicas se consumían por él.

-¿Bailas conmigo, Juan María?

-¡Vete a paseo, perica![45]

Y también estaba Couto, que era contrabajo y durante la semana trabajaba en una fundición[46]. A este Couto, que **padecía** algo del vientre[47], el médico le había mandado comer sólo papillas[48]. Pasó siete años seguidos a harina de maíz y leche. Un día, en carnaval, llegó a casa y le dijo a su mujer: «Hazme un cocido[49], con lacón, chorizo y todo. Si no me muero así, me muero de hambre». Y le fue de maravilla.

El acordeonista, Ramiro, era reparador[50] de radios. Un hombre de oído finísimo[51]. Llegaba al ensayo, presentaba una pieza nueva y luego decía: «Ésta la cogí por el aire»[52]. Siempre decía eso, la cogí por el aire, acompañándose de un gesto con

---

[40] de México
[41] le daba... tocaba corridos, un tipo de canción mexicana
[42] El escenario
[43] con chorreras... with white lace frills and skirted sleeves
[44] Muy guapo
[45] Take a walk, girl (playful)
[46] Factory that smelts metals
[47] Estómago
[48] Pureed foods
[49] Traditional Spanish stew
[50] Repairman
[51] Very fine ear
[52] Viene del "aire" = de la radio

la mano, como si atrapara un puñado[53] de mariposas. Aparte de su instrumento, tocaba la flauta de caña con la nariz. Un vals[54] nasal. Era un número extra que impresionaba al público, tanto como el burro sabio de los titiriteros[55]. Pero a mí lo que me gustaba era una de sus canciones misteriosas cogidas por el aire y de la que recuerdo muy bien el comienzo.

Aurora de rosa en amanecer
nota melosa que gimió el violín
novelesco insomnio do vivió el amor

Y estaba también el trompeta Comesaña, el trombón Paco y mi compañero, el saxo tenor, don Juan. Un hombre mayor, muy elegante, que cuando me lo presentaron me pasó la mano por la cabeza como si me diese la **bendición**.

Se lo **agradecí**. Dentro de nada, iba a ser mi debut. En Santa Marta de Lombás, según informó Macías.

-Sí, chaval -asintió[56] Juan María-. ¡Santa Marta de Lombás, irás y no volverás!

Dos

El domingo, muy temprano, cogimos el tren de Lugo. Yo iba, más que nervioso, en las nubes, como si todavía no hubiese despertado y el tren fuese una cama voladora[57]. Todos me trataban como un hombre, como un colega, pero tenía la sensación de que por la noche había encogido, de que había encogido de la cabeza a los pies, y que todo en mí **disminuía**, incluso el hilo de voz, al tiempo que se agrandaba lo de fuera[58]. Por ejemplo, las manos de Macías, enormes y pesadas como azadas[59]. Miraba las mías y lo que veía eran las de mi hermana

---

53 A fistfull
54 Waltz
55 el burro... a character from a puppet show
56 Asentir = acordar
57 A magic carpet ride
58 se agrandaba... Everything around me got bigger
59 hierramientas del jardín

pequeña envolviendo una espiga de maíz como un bebé[60].

170 ¡Dios! ¿Quién iba a poder con el saxo?[61] Quizás la culpa de todo la tenía aquel traje prestado que me quedaba largo. Me escurría en él como un caracol[62].

Nos bajamos en la estación de Aranga. Era un día de verano, muy soleado. El delegado de la comisión de fiestas de Santa
175 Marta de Lombás ya nos estaba esperando. Se presentó como Boal. Era un hombre **recio**, de mirada oscura y mostacho grande. Sujetaba[63] dos mulas en las que cargó los instrumentos y el baúl en el que iban los trajes de verbena[64]. Uno de los animales se revolvió, asustado por el estruendo de la batería.
180 Boal, amenazador, se le encaró con el puño[65] a la altura de los ojos.

-¡Te abro la crisma[66], *Carolina!* ¡Sabes que lo hago!

Todos miramos el puño de Boal. Una enorme masa peluda[67] que se **blandía** en el aire. Por fin, el animal agachó manso[68] la
185 cabeza.

Nos pusimos en marcha por un camino fresco que olía a cerezas y con mucha fiesta de pájaros. Pero luego nos metimos por una pista polvorienta, abierta en un monte de brezos y tojos[69]. Ya no había nada entre nuestras cabezas y el fogón[70] del
190 sol. Nada, excepto las aves de rapiña[71]. El palique[72] animado de mis compañeros fue transformándose en un rosario de bufidos[73] y éstos fueron seguidos de **blasfemias** sordas, sobre todo cuando los zapatos acharolados, enharinados de polvo, tropezaban en los pedruscos[74]. En cabeza, recio y con sombrero,
195 Boal parecía tirar a un tiempo de hombres y mulas.

---

[60] lo que veía... (my hands) seemed like my baby sister's hands holding an ear of corn
[61] expresión que enfatiza lo difícil que es tocar el saxo
[62] Me escurría... I shrivled in it like a snail
[63] controlaba con la mano
[64] los vestidos que llevan mientras tocan
[65] se le encaró... shook his fist at the animal
[66] la crisma = la frente
[67] con mucho pelo
[68] agachar manso = to bow meekly
[69] tipos de vegetación
[70] calor ardiente
[71] birds of prey
[72] conversación, intercambio
[73] a rosary of snorts (snide remarks)
[74] los zapatos... their shoes, caked in dust, hit the rough stone road

El primero en lanzar una piedra fue Juan María.

-¿Visteis? ¡Era un lagarto[75], un lagarto gigante!

Al poco rato, todos arrojaban[76] piedras a los vallados[77], rocas o postes de la luz, como si nos rodeasen cientos de lagartos. Delante, Boal mantenía implacable el paso. De vez en cuando se volvía a los rostros sudorosos y decía con una sonrisa irónica: «¡Ya falta poco!».

-¡La puta que los parió![78]

Cuando aparecieron las picaduras de los tábanos[79], las blasfemias se hicieron oír como estallidos de petardos[80]. La Orquesta Azul, asada[81] por las llamaradas del sol, llevaba las corbatas en la mano y las abanicaba[82] como las bestias el rabo para espantar los bichos. Para entonces, el baúl que cargaba una de las mulas parecía el féretro de un difunto[83]. En el cielo ardiente planeaba un milano[84].

¡Santa Marta de Lombás, irás y no volverás!

Nada más verse el campanario de la parroquia, la Orquesta Azul recompuso enseguida su aspecto. Los hombres se anudaron las corbatas, se alisaron[85] los trajes, se peinaron, y limpiaron y abrillantaron los zapatos con un roce[86] magistral en la barriga de la pierna. Los imité en todo.

Sonaron para nosotros las bombas de palenque[87].

¡Han llegado los de la orquesta!

Si hay algo que uno disfruta la primera vez es la vanidad de la fama, por pequeña e infundada que sea. Los niños, revoloteando como mariposas a nuestro alrededor. Las mujeres, con una sonrisa de geranios[88] en la ventana. Los viejos **asomando** a la puerta como cucos de un reloj.

200

205

210

215

220

---

[75] lizard
[76] lanzaban
[77] fences
[78] expresión vulgar de disgusto
[79] un tipo de insecto
[80] rocket fire
[81] cocinada en el horno
[82] used as a fan
[83] el féretro... a dead man's coffin
[84] a kite flew
[85] unwrinkled
[86] una calidad
[87] un gran sonido para empezar la fiesta
[88] tipo de flor

¡La orquesta! ¡Han llegado los de la orquesta!

225 Saludamos como héroes que resucitan a los muertos. Me crecía. El pecho se me llenaba de aire. Pero, de repente, comprendí. Nosotros éramos algo realmente importante, el centro del mundo. Y volví a encogerme como un caracol. Me temblaban las piernas. El maletín del saxo me pesaba como

230 robado a un mendigo[89]. Me sentía un **farsante**.

Hicimos un alto en el crucero y Macías posó su brazo de hierro en mi hombro.

-Ahora, chaval, nos van a llevar a las casas en las que nos **alojan**. Tú no tengas reparo[90]. Si tienes hambre, pides de

235 comer. Y que la cama sea buena. Ése es el trato.

Y luego se dirigió sentencioso a Boal: «El chaval que esté bien atendido».

-Eso está hecho- respondió el hombre, sonriendo por primera vez -. Va a dormir en casa de Boal. En mi casa.

240 En la planta baja estaban también los establos, separados de la cocina por pesebres[91] de piedra, así que lo primero que vi fueron las cabezas de las vacas. Engullían la hierba lamiéndola como si fuera una nube de azúcar[92]. Por el suelo de la cocina habían extendido broza[93]. Había un humo de hogar que picaba

245 un poco en los ojos y envolvía todo en una hora incierta[94]. En el extremo de la larguísima mesa cosía una muchacha que no dejó su trabajo ni siquiera cuando el hombre puso cerca de ella la caja del saxo.

-¡Café, nena!

250 Se levantó sin mirarnos y fue a coger un cazo[95] del fregadero. Luego lo colocó en la trébede[96] e, inclinándose y soplando lentamente, con la sabiduría de una vieja, avivó el fuego. Fue entonces cuando noté con asombro rebullir[97] el

---

[89] beggar
[90] vergüenza
[91] mangers
[92] Engullían... They wolfed down hay like licking a sugar cube
[93] vegetación baja
[94] envolvía todo... llenaba el aire a veces
[95] lo que se usa para preparar el café
[96] lo que produce fuego
[97] mover

suelo, cerca de mis pies. Había conejos royendo[98] la broza, con
las orejas tiesas como hojas de eucalipto. El hombre se debió de
dar cuenta de mi **trastorno**.

-Hacen muy buen estiércol[99]. Y buenos asados.

Boal me enseñó, con orgullo, el ganado de casa. Había seis
vacas, una pareja de bueyes[100], un caballo, las dos mulas que
habían traído nuestro equipaje, cerdos y equis gallinas. Así
lo dijo: *equis* gallinas. El caballo, me explicó, sabía sumar y
restar[101]. Le preguntó cuánto eran dos y dos y él golpeó cuatro
veces en el suelo con el casco.

-Aquí no vas a pasar hambre, chaval. A ver, nena, trae el
bizcocho. Y el queso. Mmm. No me digas que no quieres. Nadie
dice que no en casa de Boal.

Fue entonces, con la fuente de comida en la mano, cuando
pude verla bien por vez primera. Miraba hacia abajo, como si
tuviese miedo de la gente. Era menuda pero con un cuerpo de
mujer. Los brazos remangados y fuertes, de lavandera. El pelo
recogido en una trenza[102]. Ojos rasgados[103]. Alargué la mano
para coger algo. ¿Qué me pasaba? ¡Cielo santo! ¿Qué haces
tú aquí, chinita? Era como si siempre hubiese estado en mi
cabeza. Aquella niña china de la *Enciclopedia escolar*. La miraba,
hechizado, mientras el maestro hablaba de los ríos que tenían
nombres de colores. El Azul, el Amarillo, el Rojo. Quizá China
estaba allí, poco después de Santa Marta de Lombás.

-No habla- dijo en voz alta Boal -. Pero oye. Oír sí que oye. A
ver, nena, muéstrale al músico la habitación de dormir.

La seguí por las escaleras que llevaban al piso alto. Ella
mantenía la cabeza gacha[104], incluso cuando abrió la puerta de
la habitación. La verdad es que no había mucho que ver. Una
silla, una mesilla con crucifijo y una cama con una colcha
amarilla. También un calendario de una ferretería[105] con una
imagen del Sagrado Corazón.

| 255 |
| 260 |
| 265 |
| 270 |
| 275 |
| 280 |
| 285 |

---

98 comiendo
99 manure
100 oxen
101 sumar y restar = add and subtract
102 braid
103 almond shaped
104 bajada
105 hardware store

-Bien, está muy bien- dije. Y palpé[106] la cama por mostrar un poco de interés. El colchón era duro, de hojas de mazorca[107].

Me volví. Ella estaba a contraluz y parpadeé[108]. Creo que sonreía. Bien, muy bien, repetí, buscando su mirada. Pero ahora
290 ella volvía a tener los ojos clavados en alguna parte de ningún lugar.

Con el traje de corbata, la Orquesta Azul se reunió en el atrio. Teníamos que tocar el himno español en la misa mayor[109], en el momento en que el párroco alzaba el Altísimo[110]. Con
295 los nervios, yo cambiaba a cada momento de tamaño. Ya en el coro, sudoroso con el apretón, me sentí como un gorrión **desfallecido** e inseguro en una rama. El saxo era enorme. No, no iba a poder con él. Y ya me caía, cuando noté en la oreja un aliento[111] salvador. Era Macías, hablando bajito.
300 -Tú no soples[112], chaval. Haz que tocas y ya está.

Y eso mismo fue lo que hice en la sesión vermú, ya en el palco de la feria. Era un pequeño baile de presentación, antes de que la gente fuese a comer. Cuando perdía la nota, dejaba de soplar. Mantenía, eso sí, el **vaivén**, de lado a lado, ese toque de
305 onda al que Macías daba tanta importancia.

-Hay que hacerlo bonito- decía.

¡Qué tipos[113] los de la Orquesta Azul! Tenía la íntima sospecha de que nos lloverían piedras en el primer palco al que había subido con ellos. ¡Eran tan generosos en sus defectos[114]!
310 Pero pronto me llevé una sorpresa con aquellos hombres que cobraban[115] catorce duros[116] por ir a tocar al fin del mundo. «¡Arriba, arriba!», **animaba** Macías. Y el vaivén revivía, y se enredaban[117] todos en un ritmo que no parecía surgir de los

---

[106] toqué
[107] hojas de mazorca = corn leaves
[108] parpadear = to blink
[109] ceremonia religiosa
[110] figura grande de Jesús Cristo
[111] breath
[112] soplar = to blow
[113] hombres, coloquial
[114] en sus defectos = despite their flaws
[115] cobraban = recibían un pago
[116] tipo de dinero, monedas
[117] enredarse = to get caught up in

instrumentos sino de la fuerza animosa de unos braceros[118].

> *Yo te he de ver y te he de ver y te he de ver* 315
> *aunque te escondas y te apartes[119] de mi vista.*

Intentaba ir al mismo ritmo que ellos, por lo menos en el vaivén. Por momentos, parecía que un alma aleteaba[120] virtuosa sobre mí, y me sorprendía a mí mismo con un buen sonido, pero enseguida el alma de la orquesta huía como un petirrojo[121] 320 asustado por un rebuzno.

Fui a comer a casa de Boal y de la muchacha menuda con ojos de china.

Desde luego, no iba a pasar hambre.

Boal afiló[122] el cuchillo en la manga de su brazo, como 325 hacen los barberos con la navaja en el cuero[123] y luego, de una tajada[124], cortó en dos el lechón[125] de la fuente. Me estremeció[126] aquella brutal simetría, sobre todo cuando descubrí que una de las mitades, con su oreja y su ojo, era para mí.

- Gracias, pero es mucho. 330

-Un hombre es un hombre y no una gallina- sentenció Boal sin dejar salida, como si resumiese la historia de la Humanidad.

-¿Y ella?- pregunté buscando alguna complicidad.

-¿Quién?- dijo él con verdadera sorpresa y mirando alrededor con el rabo del lechón en la mano. Hasta que se fijó 335 en la muchacha, sentada a la luz de la ventana del fregadero -. ¡Bah! Ella ya comió. Es como un pajarito.

Durante unos minutos masticó[127] de forma voraz, por si en el aire hubiese quedado alguna duda de lo que había que hacer con aquel cerdo. 340

-Vas a ver algo curioso- dijo de repente, después de limpiar la boca con aquella manga tan útil-. ¡Ven aquí, nena!

---

[118] trabajadores
[119] apartar = salir
[120] volaba
[121] tipo de pájaro
[122] afilar = sharpen
[123] leather
[124] slice
[125] roasted piglet
[126] Me sorprendió mucho
[127] masticar = to chew

La chiquita vino dócil a su lado. Él la cogió por el antebrazo con el cepo[128] de su mano. Temí que se quebrase[129] como un ala de ave en las manos de un carnicero.

-¡Date la vuelta! - dijo al tiempo que la hacía girar y la ponía de espaldas hacia mí.

Ella llevaba una blusa blanca y una falda estampada de dalias[130] rojas. La larga trenza le caía hasta las nalgas[131], rematada por un lazo de mariposa. Boal empezó a desabotonar la blusa. Asistí **atónito** a la escena, sin entender nada, mientras el hombre forcejeaba torpemente con los botones, que se le escurrían[132] entre las manos rugosas como bolitas de mercurio en el corcho de un alcornoque.

Por fin, abrió la blusa a lo largo de la espalda.

-¡Mira, chico! - exclamó con intriga Boal.

Yo estaba hechizado por aquel lazo de mariposa y el péndulo de la trenza.

-¡Mira aquí! - repitió él, señalando con el índice una flor rosa en la piel.

Cicatrices. Había por lo menos seis manchas de ésas.

-¿Sabes lo que es esto? - preguntó Boal.

Yo sentía **pudor** por ella y una cobardía que me atenazaba la garganta. Me gustaría ser uno de aquellos conejos con orejas puntiagudas como hojas de eucalipto.

Negué con la cabeza.

-¡El lobo! -exclamó Boal-. ¿Nunca habías oído hablar de la niña del lobo? ¿No? Pues aquí la tienes. ¡La niña del lobo!

Aquella situación extraña y desagradable entró repentinamente en el orden natural de los cuentos. Me levanté y me acerqué sin pudor para mirar bien las cicatrices en la espalda desnuda.

-Aún se ven las marcas de los dientes - dijo Boal, como si recordase por ella.

-¿Cómo fue? - pregunté por fin.

---

[128] clamp
[129] quebrar = romper
[130] tipo de flor
[131] butt
[132] escurrirse = to slip

-¡Anda, vístete! -le dijo a la muchacha. Y con un gesto me invitó a volver a mi asiento -. Ella tenía cuatro años. Fui a cuidar el ganado y la llevé conmigo. Había sido un invierno rabioso. ¡Sí, señor! ¡Un invierno realmente duro! Y los lobos, hambrientos, **me la jugaron**. ¡Carajo[133] si me la jugaron!

380

Aparte de lo que había pasado con la niña, Boal, por lo visto, estaba personalmente muy dolido con los lobos.

-Fue una conjura[134]. Estábamos en un prado[135] que lindaba con el bosque. Uno de los cabrones se dejó ver en el claro y huyó hacia el monte bajo. Los perros corrieron rabiosos detrás de él. Y yo fui detrás de los perros. La dejé allí, sentadita encima de un saco. Fue cosa de minutos. Cuando volví, ya no estaba. ¡Cómo me la jugaron los cabrones!

385

Aquel hombre era dueño de una historia. Lo único que yo podía hacer era esperar a que la desembuchara[136] cuanto antes.

390

-Nadie entiende lo que pasó... Se salvó porque no la quiso matar. Ésa es la única explicación. El que la atrapó no la quiso matar. Sólo le mordió en la espalda. Podía hacerlo en el cuello y adiós, pero no. Los viejos decían que ésas eran mordeduras para que no llorara, para que no avisara a la gente. Y vaya si le hizo caso. Quedó muda. Nunca más volvió a hablar. La encontramos en una madriguera[137]. Fue un milagro.

395

-¿Y cómo se llama?

-¿Quién?

-Ella, su hija.

400

-No es mi hija - dijo Boal, muy serio -. Es mi mujer.

---

[133] Damn
[134] una conspiración
[135] campo
[136] desembuchar = expulsar de la boca
[137] madriguera = donde viven los lobos

Tres

- **Se engancha** de las cosas. Queda **embobada**. Como algo le llame la atención, ya no lo suelta[138].

Noté el calor en mis mejillas. Me sentía rojo como el fuego. Ella, mi esquiva chinita, no dejaba de mirarme. Había bajado de la habitación preparado para la verbena, con la camisa de chorreras.

-Es por el traje -dijo algo **despectivo** Boal. Y después se dirigió a ella para gritar-: ¡Qué bobita eres!

Aquellos ojos de luz verdosa[139] me iban a seguir toda la noche, para mi suerte, como dos luciérnagas. Porque yo también me enganché de ellos.

La verbena era en el campo de la feria, adornada de rama en rama, entre los robles, con algunas guirnaldas[140] de papel y nada más. Cuando oscureció, las únicas luces que iluminaban el baile eran unos candiles colgados a ambos lados del palco y en el quiosco de las bebidas. Por lo demás, la noche había caído con un tul[141] de niebla montañesa que envolvía los árboles con enaguas y velos[142]. Según pasaba el tiempo, se hacía más espesa y fue arropando[143] todo en una cosa fantasmal, de la que sólo salían abrazados y girando con la música, las parejas más alegres, enseguida engullidas una vez más por aquel cielo tendido a ras de suelo[144].

Ella sí que permanecía a la vista. Apoyada en un tronco, con los brazos cruzados, cubiertos los hombros con un chal de lana[145], no dejaba de mirarme. De vez en cuando, Boal surgía de la niebla como un inquieto pastor de ganado. Lanzaba a su alrededor una mirada de advertencia, de navaja y aguardiente[146]. Pero a mí **me daba igual**.

---

[138] soltar = to release
[139] verdosa = variación de verde
[140] garlands
[141] silk mesh
[142] enaguas y velos = skirts and veils
[143] arropar = poner en ropa
[144] enseguida engullidas... Suddenly in a sky tied to the surface of the ground
[145] chal de lana = wool shawl
[146] navaja y aguardiente = blade and liquor

Me daba igual porque **huía** con ella. Íbamos solos, a 430
lomos[147] del caballo que sabía sumar, por los montes de Santa
Marta de Lombás, irás y no volverás. Y llegábamos a Coruña, a
Aduanas, y mi padre nos estaba esperando con dos pasajes del
barco para América, y todos los albañiles aplaudían desde el
muelle, y uno de ellos nos ofrecía el botijo para tomar un trago, 435
y le daba también de beber al caballo que sabía sumar.

Macías, pegado a mi oreja, me hizo abrir los ojos.

-¡Vas fenomenal, chaval! ¡Tocas como un negro, tocas como
Dios!

Me di cuenta de que estaba tocando sin preocuparme de 440
si sabía o no. Todo lo que había que hacer era **dejarse ir**. Los
dedos se movían solos y el aire salía del pecho sin ahogo[148],
empujado por un fuelle[149] singular. El saxo no me pesaba, era
ligero como flauta de caña. Yo sabía que había gente, mucha
gente, bailando y enamorándose entre la niebla. Tocaba para 445
ellos. No los veía. Sólo la veía a ella, cada vez más cerca.

Ella, la Chinita, que huía conmigo mientras Boal **aullaba**
en la noche, cuando la niebla se despejaba, de rodillas en el
campo de la feria y con el chal de lana entre las pezuñas[150].

---

[147] a lomos = en la espalda
[148] ahogo = shortness of breath
[149] fuelle = source
[150] patas (pies/manos) de un lobo

Uno

1. ¿Cómo obtuvo el padre el saxo?

2. ¿Cuántos años tenía el chico, y qué hacía?

3. ¿Qué comparación hizo el maestro de saxo para ayudar al chico a tocar bien el saxo?

4. ¿Cómo es la Orquesta Azul?

5. ¿Cómo son los miembros?

6. ¿Adónde va a debutar el chico con la orquesta?

Dos

1. ¿Cómo era el camino a Santa Marta de Lombás?

2. ¿Cómo reaccionó el pueblo a la visita de la Orquesta Azul?

3. ¿La casa de Boal es como una casa normal? ¿Por qué?

4. ¿De qué origen es la chica que vive en la casa de Boal? ¿Por qué le asombra tanto al chico?

5. ¿Qué le recomendó Macías al chico cuando la orquesta toco el himno nacional?

6. ¿Qué es lo que pasó a la chica cuando era joven?

7. ¿Por qué se sorprendió tanto al final de esta sección?

Tres

1. ¿Cómo fueron decorados los árboles para la verbena?

2. ¿Qué imaginaba el chico mientras tocaba?

3. ¿Cómo tocó el chico en la última parte del cuento? ¿Por qué?

Vocabulario en contexto

1. Aunque el chico no siempre silbaba el saxo en concierto, siempre intentaba mantener _____ de la orquesta.

2. El chico _____ mucho las lecciones que le impartió Luis Braxe porque ellas le dejaron aprender la maravilla que es tocar el saxo.

3. Aunque Boal quiso proteger a la chica, los lobos _____, y tomaron a la chica.

4. Boal solía _____ sus puños grandes para amenazar los animales con los que compartía domicilio.

5. El chico sueña con _____ a América con la chica china.

6. Boal siempre se dirige a la chinita de forma _____. Nunca le muestra ningún respeto.

7. Boleros, valses, y pasodobles formaban parte del _____ de la Orquesta Azul

8. Boal _____ al chico en su casa cuando la orquesta tocó en Santa Marta de Lombás.

9. La chinita tiene la espalda cubierta de _____.

10. El chico se siente _____ mientras toca porque sabe que en realidad toca mal.

Combina las tres palabras para formar una frase lógica

1. padecer / la bendición / asomar

2. el piropo / darle igual / agradecer

3. disminuir / el pudor / no hay marcha atrás

Ensayos

A. Comenta la importancia de la música en el cuento

B. ¿En cuáles maneras es este cuento un cuento de descubrimiento? ¿Qué es lo que descubre el chico, y cómo le afectan estos descubrimientos?

Temas y símbolos

Comenta la significancia de los siguientes temas al cuento.

A. España en dictadura, 1949

- ¿Cuáles partes del cuento representan la pobreza de la época?

B. América

- ¿Qué simboliza América para la gente?

- ¿Cuáles eran los centros sudamericanos de inmigración al principio del Siglo XX? ¿De dónde venían los inmigrantes?

C. Boal

- ¿Cómo es Boal? ¿Cuáles son algunas de las descripciones que usa el narrador para describirle?

- Encuentra las características bestiales de Boal. ¿Qué es lo que tiene en común con un animal?

D. *Irás y no volverás*

- ¿Cuáles son algunas maneras de interpretar este lema según se relaciona con el cuento?

E. La separación del pueblo de la casa de Boal

- ¿Por qué es llamativo que Boal viva aislado del pueblo?

CARMIÑA

Vocabulario Preliminar:

las huellas	enronquecer/ronco	apartarse
tumbado	escupir	enfurecer
el paladar	un pecado	repentinamente
un trago	ladrar	arder
soplar el viento	un gruñido/gruñir	desconfiado/deconfiar

A practicar el vocabulario

1. _____ está en el interior de la boca, y se responsabiliza para reconocer el sabor.

2. Si alguien tiene sed, necesita beber _____ de agua.

3. Cuando _____ fuertemente, las hojas caen de los árboles.

4. Glotonería, pereza, y envidia son ejemplos de los siete _____ capitales.

5. Una persona deja _____ cada vez que pisa la tierra.

Nota de lectura:

Este cuento es un diálogo entre dos personas: O'Lis de Sésamo y el narrador, que sirve bebidas en un bar. Todo el texto es las palabras de O'Lis, o el comentario interior del narrador que cuenta en el pasado. O'Lis cuenta al narrador su experiencia con Carmiña, una chica de Sarandón – una aldea tan pequeña que apenas existe – y el narrador hace observaciones sobre O'Lis, y describe su propia reacción a lo que escucha.

¿Así que nunca has ido a Sarandón? Haces bien. ¿A qué ibas a ir? Un brezal[151] cortado a navaja por el viento.

O'Lis de Sésamo sólo venía al bar los domingos por la mañana. Acostumbraba a entrar cuando las campanas avisaban para la misa de las once y las hondas **huellas** de sus zapatones 5 eran las primeras en quedar impresas en el suelo de serrín[152] como en el papel la tinta de un sello de caucho. Pedía siempre un jerez[153] dulce que yo le servía en copa fina. Él hacía gesto de brindar mirando hacia mí con sus ojos de gato montés[154] y luego se refugiaba en el ventanal. Al fondo, la mole del Xalo[155], como 10 un imponente buey[156] **tumbado**.

Sí, chaval, el viento rascando como un cepillo de púas[157].

Brezos, cuatro cabras, gallinas peladas y una casa de mampostería[158] con una higuera[159] medio desnuda. Eso es todo lo que era Sarandón. 15

En aquella casa vivía Carmiña.

O'Lis de Sésamo bebió un sorbo como hacen los curas con el cáliz[160], que cierran los ojos y todo, no me extraña, con Dios en **el paladar**. Echó un **trago** y luego chasqueó[161] la lengua.

Vivía Carmiña y una tía que nunca salía. Un misterio. La 20 gente decía que tenía barba y cosas así. Yo, si he de decir la verdad, nunca la vi delante. Yo iba allá por Carmiña, claro. ¡Carmiña! ¿Tú conociste a Carmiña de joven? No. ¡Qué coño[162] la ibas a conocer si no habías nacido! Era buena moza[163], la Carmiña, con mucho donde agarrar[164]. Y se daba bien. 25

¡Carmiña de Sarandón! Para llegar a su lado había que

---

151 Tierra yerma
152 sawdust
153 tipo de alcohol - sherry
154 montés = salvaje
155 mole del Xalo = la figura grande del Xalo – una montaña
156 ox
157 púas = espinas
158 masonry
159 árbol de higos
160 copa religiosa
161 chasquear = to click, snap
162 ¿qué coño? = how the hell? (vulgar)
163 chica joven
164 con mucho donde agarrar = corpulenta

arrastrar[165] el culo por los tojos[166]. Y **soplaba un viento** frío que cortaba como filo de navaja.

Sobre el monte Xalo se libraba ahora una guerra en el cielo.
30 Nubes fieras, oscuras y compactas les mordían los talones a otras lanudas y azucaradas[167]. Desde donde yo estaba, detrás de la barra, con los brazos remangados dentro del fregadero, me pareció que la voz de O'Lis **enronquecía** y que al contraluz se le afilaba un perfil de armiño o de garduña[168].
35 Y había también, en Sarandón, un demonio de perro.

Se llamaba *Tarzán*.

O'Lis de Sésamo **escupió** en el serrín y luego pisó el esgarro[169] como quien borra **un pecado**.

¡Dios, qué malo era aquel perro! Ni un día, ni dos. Siempre.
40 Tenías que verlo a nuestro lado, **ladrando** rabioso, casi sin descanso. Pero lo peor no era eso. Lo peor era cuando paraba. Sentías, sentías el engranaje[170] del odio, así, como **un gruñido** averiado[171] al apretar las mandíbulas. Y después ese rencor[172], ese arrebato enloquecido[173] de la mirada.
45 No, no **se apartaba** de nosotros.

Yo, al principio, hacía como si nada, e incluso iniciaba una carantoña[174], y el muy cabrón se **enfurecía** más. Yo subía a Sarandón al anochecer los sábados y domingos. No había forma de que Carmiña bajase al pueblo, al baile. Según decía,
50 era por la vieja[175], que no se valía por sí misma y además había perdido el sentido y ya en una ocasión había prendido fuego a la cama. Y así debía de ser, porque luego Carmiña no resultaba ser tímida, no. Mientras *Tarzán* ladraba enloquecido, ella se daba bien. Me llevaba de la mano hacia el cobertizo[176], se me
55 apretaba con aquellas dos buenas tetas que tenía y dejaba con

---

[165] to drag
[166] gorse – a thick, thorny shrub
[167] (nubes) lanudas y azucaradas = nubes más ligeras de color y densidad
[168] armiño y garduña = animales del campo
[169] esgarro = lo que se escupió
[170] machinary
[171] roto, que no funciona
[172] rancor = odio
[173] arrebato enloquecido = crazed fit
[174] iniciar una carantoña = to try and pet (an animal)
[175] la vieja = su tía vieja e inválida
[176] covered shed

mucho gusto y muchos ayes[177] que yo hiciera y deshiciera.

¡Carmiña de Sarandón! Perdía la cabeza por aquella mujer. Estaba cachonda.

Era caliente[178]. Y de muy buen humor. Tenía mucho mérito aquel humor de Carmiña. 60

¡Demonio de perro!, murmuraba yo cuando ya no podía más y sentía sus tenazas[179] rechinar detrás de mí.

Era un miedo de niño el que yo tenía. Y el cabrón me olía el pensamiento.

¡Vete de ahí, *Tarzán*!, decía ella entre risas, pero sin 65 apartarlo. ¡Vete de ahí, *Tarzán*, niño! Y entonces, cuando el perro resoplaba como un fuelle envenenado[180], Carmiña se apretaba más a mí, fermentaba, y yo sentía campanas en cualquier parte de su piel. Para mí que las campanadas de aquel corazón repicaban en el cobertizo y que, llevadas por el viento, 70 todo el mundo en el valle las estaría escuchando.

O'Lis de Sésamo dejó la copa vacía en la barra y pidió con la mirada otro vino dulce. Paladeó[181] un trago, saboreándolo, y después lo dejó ir como una nostalgia. Es muy alimenticio, dijo guiñando el ojo[182]. La gente saldría enseguida de misa, y 75 el local se llenaría de humeantes voces de domingo. Por un momento, mientras volvía a meter las manos bajo el grifo para fregar los vasos, temí que O'Lis fuese a dejar enfriar su historia. Por suerte, allí en la ventana estaba el monte, llamando por sus recuerdos. 80

Yo estaba muy enamorado, pero hubo un día en que ya no pude más. Le dije: mira, Carmiña, ¿por qué no atas a este perro? Me pareció que no escuchaba, como si estuviese en otro mundo. Era muy de suspiros. El que lo oyó fue él, el hijo de mala madre. Dejó **repentinamente** de ladrar y yo creí que 85 por fin íbamos a poder retozar[183] tranquilos.

¡Qué va!

---

[177] ayes = ejemplo de onomatopeya
[178] cachonda/caliente = excitada sexualmente
[179] dientes agudos
[180] resoplaba como... snorted like poisoned bellows
[181] Paladear = to savor
[182] guiñar el ojo = to wink
[183] to frolic

Yo estaba encima de ella, sobre unos haces de hierba. Antes de darme cuenta de lo que pasaba, sentí unas cosquillas[184] húmedas y que el cuerpo entero no me hacía caso y perdía el pulso. Fue entonces cuando noté el muñón[185] húmedo, el hocico que olisqueaba[186] las partes.

Di un salto y eché una maldición. Después, cogí una estaca[187] y se la tiré al perro que huyó quejándose. Pero lo que más me irritó fue que ella, con cara de despertar de una pesadilla, salió detrás de él llamándolo: ¡*Tarzán*, ven, *Tarzán*! Cuando regresó, sola y apesadumbrada, yo fumaba un pitillo[188] sentado en el tronco de cortar leña. No sé por qué, pero empecé a sentirme fuerte y animoso como nunca había estado. Me acerqué a ella, y la abracé para comerla a besos.

Te juro que fue como palpar un saco fofo de harina[189]. No respondía.

Cuando me marché, Carmiña quedó allí en lo alto, parada, muda, como atontada, no sé si mirando hacia mí, azotada por el viento.

A O'Lis de Sésamo le habían enrojecido las orejas. Sus ojos tenían la luz verde del montés en un rostro de tierra allanado[190] con la grada. A mí me **ardían** las manos bajo el grifo de agua fría.

Por la noche, continuó O'Lis, volví a Sarandón. Llevaba en la mano una vara de aguijón[191], de ésas para llamar a los bueyes. La luna flotaba entre nubarrones y el viento silbaba con rencor. Allí estaba el perro, en la cancela del vallado de piedra. Había alguna sospecha en su forma de gruñir. Y después ladró sin mucho estruendo, **desconfiado**, hasta que yo puse la vara a la altura de su boca. Y fue entonces cuando la abrió mucho para morder y yo se la metí como un estoque[192]. Se la metí hasta el fondo. Noté cómo el punzón desgarraba la garganta e iba

---

184	cosquillas = tickles, tickling
185	muñón/hocico = nariz de un perro
186	olisquear = to sniff
187	stick
188	un pitillo = un cigarillo
189	un saco... a big sack of flour
190	allanado = demolido
191	de aguijón = con punto agudo
192	espada

agujereando la blandura de las vísceras[193].

¡Ay, Carmiña! ¡Carmiña de Sarandón! 120

O'Lis de Sésamo escupió en el suelo. Despúes bebió el último trago y lo demoró en el paladar. Lanzó un suspiro y exclamó: ¡Qué bien sabe esta mierda!

Metió la mano en el bolsillo. Dejó el dinero en la barra. Y me dio una palmada en el hombro. Siempre se iba antes de que 125 llegaran los primeros clientes nada más acabar la misa.

¡Hasta el domingo, chaval!

En el serrín quedaron marcados sus zapatones. Las huellas de un animal solitario.

---

[193] el punzón desgarraba... the point tore through his throat to his insides

Cuestionario

1. ¿Cuándo solía ir al bar O'Lis de Sésamo? ¿Qué pedía?

2. Describe Sarandón, citando palabras del texto.

3. ¿Carmiña vive sola?

4. ¿A O'Lis le gusta Tarzán? ¿Por qué?

5. ¿Por qué O'Lis tiene que ir a Sarandón para ver a Carmiña? ¿Por qué ella no puede bajar al pueblo?

6. Según la describe O'Lis, ¿cómo parece ser la relación entre O'Lis y Carmiña?

7. ¿Cómo responde Carmiña cuando O'Lis le sugiere que ate el perro?

8. ¿La situación con el perro se pone peor?

9. ¿Carmiña actúa de manera diferente cuando el perro está fuera?

10. ¿El aspecto físico de O'Lis cambia mientras cuenta esta parte de la historia al narrador?

11. ¿Con qué motivo O'Lis vuelve a Sarandón esa noche?

12. ¿Cómo describe el narrador a O'Lis al final del cuento? ¿Por qué?

13. ¿Hay una manera de justificar lo que hizo O'Lis? ¿Por qué hizo lo que hizo?

Vocabulario en contexto

1. O'Lis _____ en el suelo de vez en cuando para marcar pausas en su cuento.

2. Tarzán ladraba tanto como para quedarse _____.

3. El hecho de que Tarzán interrumpió el encuentro amoroso le _____ mucho a O'Lis.

4. Por muy horripilante que sea, el narrador no _____ del cuento de O'Lis porque se nota que es un humano cruel y animalesco.

5. Cuando los otros clientes entran el bar, O'Lis _____ de inmediato.

Temas y símbolos

A. Se puede decir que este cuento tiene dos planos narrativos: lo que dice O'Lis, y el comentario interior del narrador que trabaja en el bar. ¿Qué efecto tiene ese estilo de narración en el cuento?

B. ¿Cómo es O'Lis de Sésamo? Resume su personaje respecto a lo que dice, opina, y desea.

C. ¿Por qué es tan apartada del pueblo la casa de Carmiña? ¿Es comparable al aislamiento de Boal en Un saxo en la niebla?

La película *La lengua de las mariposas*

0 a 30 minutos

1. ¿Por qué los compañeros de la escuela le llaman "Gorrión" a Moncho?
2. ¿Quién encuentra a Moncho en el monte?
3. ¿Quién interrumpe la clase el segundo día y con qué motivo? ¿Qué le ofrece al maestro?
4. ¿Cómo se destaca Moncho el segundo día de la escuela?
5. ¿Hay apoyo universal para La República?
6. ¿Según la madre, cuál es un beneficio de la ideología del gobierno republicano?
7. ¿Cuál es el origen del desacuerdo entre Don Gregorio y el cura?
8. ¿Cómo reacciona Andrés al descubrir en la enciclopedia que hay razas?
9. ¿Por qué pelea Moncho con su compañero de escuela?
10. ¿Moncho también tiene ganas de ser músico?

30 a 60 minutos

1. ¿Cuándo es la primera vez que Andrés toca con la Orquesta Azul?
2. ¿Cómo termina esa fiesta?
3. ¿Qué le pasa a Moncho cuando sale al campo con la clase? ¿Cómo se salva?
4. ¿Qué descubre Moncho de Don Gregorio cuando le trae el traje a la casa?
5. ¿Qué le regala Don Gregorio a Moncho ese día?

6. ¿Quién le visita al padre durante la cena y con qué propósito?

7. ¿Hay muchas personas que asisten al entierro de la madre de Carmiña?

8. ¿De qué le pregunta Moncho a Don Gregorio?

60 minutos al fin

1. ¿Cómo reaccionan los músicos a las noticias de que van a tocar en Santa Marta de Lombás?

2. ¿Por qué protesta Moncho durante la cena en casa de Boal?

3. ¿Qué hace la chica china cuando la orquesta sale de Santa Marta de Lombás?

4. ¿Cómo responde la gente al discurso de despedida de Don Gregorio? ¿Por qué?

5. ¿Por qué se distrae Moncho mientras buscan los bichos?

6. ¿Qué escuchan los hombres en la radio cuando están en el bar?

7. ¿Qué observa Moncho mientras que sale a perseguir a O'Lis?

8. ¿Qué quieren los hombres que vienen a la puerta?

9. ¿Qué ocurre en la calle la noche anterior a la última escena?

10. ¿Cuáles cosas grita Moncho al maestro?

Preguntas temáticas

1. ¿Cuáles son las semejanzas y diferencias entre el cuento *La lengua de las mariposas* y la película respecto a los primeros dos días de la escuela?

2. ¿Cómo introduce y conecta la película las tramas de los otros dos cuentos?

3. ¿Los papeles de la madre y el padre son iguales en la película que en el cuento *La lengua de las mariposas*? ¿Son siempre consistentes estos papeles?

4. ¿Cómo aumenta la película la idea de que la relación entre Moncho y Don Gregorio es especial?

5. ¿Cómo enlaza Carmiña con la trama general de la película?

6. ¿A quiénes les gusta el discurso que da Don Gregorio al pueblo y a quiénes no? ¿Qué implica esto?

7. ¿Cómo marcan el giro hacia la guerra civil y el franquismo? ¿Qué acción cruel coincide con esto?

8. ¿Con qué se asocia la acción de cruzar el puente?

9. ¿Qué efecto tiene el hecho de que Moncho es asmático?

10. ¿Qué añade la idea del amor infantil (Moncho y Aurora) a la trama de la película respecto a los cuentos?

11. ¿Cómo contrasta el comportamiento de Moncho/Pardal entre el final de la película y el final del cuento *La lengua de las mariposas*?

Análisis de escenas

A. (0:01:07 – 0:03:18) La película empieza con una serie de imágenes en blanco y negro, y esas imágenes terminan con un retrato de la familia. ¿Qué efecto producen esas imágenes en la película? ¿Qué función sirve a la película? ¿Qué propósito sirve esa imagen a las personas que han leído los cuentos?

B. (0:15:34 – 0:17:50) Moncho se relaciona con su madre y con Andrés después del segundo día de la escuela. ¿Cuáles partes de esta escena son fieles al cuento *La lengua de las mariposas*? ¿Cuáles temas globales están presentes en esta escena?

C. (0:37:54 – 0:42:04) La Orquesta Azul actúa en la fiesta del Carnaval. Esto no ocurre en el cuento *Un saxo en la niebla*, ¿pero hay elementos que sí vienen del cuento? ¿El Carnaval destaca algunas diferencias entre la España republicana y fascista? ¿Cuáles otros temas generales están presentes en esta escena? ¿Cómo es simbólica la manera en la que termina la escena?

D. (0:54:24 – 0:56:22) Moncho presencia el entierro de la madre de *Carmiña*, y después se encuentra con Don Gregorio y los dos conversan. ¿Cómo maneja Don Gregorio la pregunta de Moncho? ¿Cómo están presentes los temas políticos y generales de la obra? ¿Hay algún elemento simbólico a la escena?

E. (1:25:21 – 1:30:50) Los detenidos salen encadenados y suben al camión. ¿Qué es lo que pasa en la plaza? ¿Cómo es el ambiente? ¿Cómo aumenta el director la emoción de la escena? ¿A qué nivel es fiel al cuento la actuación de la madre, del padre, y de Moncho?

Ensayos combinados

La lengua de las mariposas y *Un saxo en la niebla*

Comenta la importancia de aprender en los dos cuentos. ¿Qué significa para los dos protagonistas? ¿Cómo cambian los protagonistas a través de su aprendizaje? ¿Cómo influye en el argumento de los cuentos?

Película y Cuentos

A. Se puede decir que tanto los cuentos como la película son relatos del descubrimiento. ¿Cómo se manifiesta esta idea?

B. Uno de los temas fundamentales de los cuentos de Manuel Rivas y la película de José Luis Cuerda es la polarización y choque entre lo bueno y lo malo. ¿Cómo exponen las obras estos contrastes?

C. Escoge dos escenas de la película y comenta las semejanzas y diferencias que tiene con los cuentos en los que se basa la película.

Suplemento de gramática

Esta sección tiene el propósito de explicar y trabajar los temas de la gramática avanzada más utilizados en la obra de Manuel Rivas. Dado que los tres cuentos se narran como memorias de los distintos protagonistas, cada uno de los temas tienen que ver con la expresión en el pasado.

A. El pluscuamperfecto

El pluscuamperfecto es un tiempo verbal que expresa una acción pasada anterior a otra acción pasada.

Ejemplos:
Pedro no había abordado un avión antes de su viaje a Bolivia.
Cuando yo te llamé ya te habías dormido.

Se forma con el verbo HABER, conjugado en el imperfecto, y un participio pasado.

había	*habíamos*	
habías	*habíais*	+PARTICIPIO
había	*habían*	

Formación del participio:

Con los verbos regulares corta la terminación y agrega –ado para los verbos –AR y –ido para los verbos –ER o –IR

hablar = hablado
comer = comido
vivir = vivido

Algunos verbos irregulares de uso común son:

abrir - abierto	morir - muerto
cubrir - cubierto	poner - puesto
decir - dicho	resolver - resuelto
escribir - escrito	romper - roto
freír - frito	ver - visto
hacer - hecho	volver - vuelto

Ejercicios de practicar:

Rellena los espacios con la forma correcta del Pluscuamperfecto.

1. —Yo nunca _____ (ver) algo tan adorable.

—¿Qué pasó?

—Montaban una fiesta sorpresa para mi vecino; cuando él llegó a casa ya _____ (arreglar) todo.

2. —¿Tu familia ya _____ (salir) del parque cuando empezó a llover?

—Bueno... mi hermana y yo _____ (recorrer) casi todo el lugar, pero mis padres aún no _____ (pasar) por la mitad.

3. —¿Por qué nunca te dieron un aumento de sueldo?

—Es que nunca _____ (pedir) uno hasta ayer.

Completa las frases de manera lógica. Usa el pluscuamperfecto.

1. Antes de este semestre, mi mejor amigo/a...

_____

2. Antes de estudiar el español, mis amigos/as y yo nunca...

_____

3. Cuando terminaron las vacaciones...

_____

4. Antes de tener hijos, mis padres ya...

_____

B. El imperfecto del subjuntivo

El imperfecto del subjuntivo tiene las mismas reglas que el presente del subjuntivo – expresa influencia, deseo, voluntad, obligación, recomendación, duda, negación, etc., en una frase de dos cláusulas. Las únicas diferencias son:

1. El imperfecto expresa estos conceptos/ideas en el pasado

2. La conjugación del imperfecto del subjuntivo es diferente de la del presente

Formación:

- Empieza con la forma 'ellos' del pretérito -- *jugaron*
- Corta *'ron'* -- juga~~ron~~
- Agrega las siguientes terminaciones

ra	*ramos**		*se*	*semos**
ras	*rais*	O	*ses*	*seis*
ra	*ran*		*se*	*sen*

La estrella* indica que el vocal antes de la terminación lleva un acento. Nota que hay dos posibilidades para las terminaciones. No hay ninguna diferencia entre ellas – es solamente una cuestión de preferencia.

Ejemplos:

Yo quería que tú me ayudaras con la tarea.

Los profesores recomendaron que nosotros tomásemos apuntes

Anoche Paco me pidió que (yo) lo condujera al cine

Ejercicios de practicar:

Conjuga los verbos según el sujeto en el imperfecto del subjuntivo.

que tú _____ (pedir)

que ellos _____ (acostarse)

que yo _____ (tocar)

que nosotros _____ (decir)

que Lola _____ (caerse)

que vosotros _____ (hacer)

que ellas _____ (estudiar)

que yo _____ (poner)

que tú _____ (vivir)

que nosotros _____ (tener)

Rellena los espacios con la forma correcta del verbo.

1. Sus padres insistían en que ellos _____ (llegar) a casa a las diez en punto.

2. Yo te dije que _____ (probarse) esa camisa antes de comprarla.

3. La gente tenía que escribir cartas antes de que _____ (haber) correo electrónico.

4. Yo _____ que me dieses una oportunidad.

5. Carolina y Paula trajeron paraguas en caso de que _____ (llover).

6. El agente nos sugirió que _____ (poner) el cinturón de seguridad.

7. Raúl deseaba que sus padres le _____ (prestar) el coche.

8. En la fiesta no había nadie que _____ (poder) bailar como tú

Completa de manera lógica en el imperfecto del subjuntivo.

1. Los estudiantes se alegraban de que el profesor...

_____

2. Tomás no pensaba que sus amigos...

_____

3. Francisco no quería que Sergio...

_____

4. Ellos insistían en que nosotros...

_____

5. Les gustaba que vosotros...

_____

PRUÉBATE: El imperfecto del subjuntivo

Cambia las frases del presente al pasado.

1. Ella recomienda que su amiga diga la verdad.

_____

2. No es posible que nieva en el verano.

_____

3. Voy al cine con tal de que mis padres me permitan.

_____

4. El maestro ruega que prestemos atención durante el ejercicio.

_____

5. El entrenador siempre les aconseja a sus jugadores que corran rápidamente.

_____

6. Es una lástima que el político haya dicho una cosa tan insensata.

_____

7. Armando siempre dice los chistes para que sus amigos se rían y se diviertan.

_____

8. A nosotros nos gusta que el profesor explique tan bien las normas de la gramática.

_____

9. Algunas personas niegan que el medio ambiente sufra por el exceso de humos.

_____

10. No hay nadie que le guste esperar en la lluvia.

_____

C. Las cláusulas de si

Si es una palabra de muchos usos. El uso más común en la obra de Manuel Rivas se encuentra en el contexto hipotético; comunicado genéricamente en inglés como *if I could, I would / I would if I could*. Esta construcción se forma así:

• Si (imperfecto del subjuntivo), (condicional) / (Condicional) Si (imperfecto del subjuntivo)

Ejemplos:

Si yo estuviera en la situación de Jaime, yo llamaría a la policía.
Él no tendría que disculparse si pudiera controlar sus emociones.
Si ellos hubieran sabido la verdad, habrían sido menos críticos.

• Como si es *as if* y también se usa con el imperfecto del subjuntivo

Ejemplo:
Aunque Pedro es peruano, habla inglés como si naciera en EE.UU.

Ejercicios de practicar:

Rellena los espacios con la forma correcta de los verbos indicados.

1. Si los perros _____ (poder),ellos _____ (servirse) su propia comida.

2. Nosotros _____ (ir) a Puerto Rico si los vuelos _____ (ser) más baratos.

3. Si yo te _____ (decir) la verdad, no sé si tú me_____ (creer)

4. Si nosotros _____ (empezar) la tarea más temprano, _____ (terminar) más temprano también.

5. Ellos bailan como si les _____ (arder) los pantalones.

Traduce las siguientes frases al español.

1. If I knew the answer, I would give you it.

_____

2. We would freeze if we lived in the North Pole.

_____

3. If Nicolás could travel anywhere in the world, he would go to Chile.

_____

4. The team plays each game as if it were the championship.

_____

PRUÉBATE: Las cláusulas de si

1. ¿Si tú _____ (ser) rico, comprarías entradas para el Super Bowl?

2. Yo _____ (ir) de vacaciones si hubiera sabido del frío que iba a hacer este invierno.

3. Javier _____ (comer) todo el helado si tuviera la oportunidad.

4. De niños nosotros esquiábamos como si no _____ (importar) la salud del cuerpo.

5. Si Paco tuviera tiempo él _____ (asistir) la conferencia.

6. Si un bebé fuera el presidente de los estados unidos, nosotros _____ (vivir) en caos total.

7. Vosotros _____ (haber) salido de la clase si hubiera sonido el timbre.

8. Si Ignacio fuera más joven, él _____ (jugar) mucho más al fútbol.

9. Si nosotros hubiéramos visto la película, _____ (saber) lo que pasó al final. ¡Qué escándalo!

10. Si tú pudieras tener una cita con cualquier persona, quién _____ (querer)?

11. Si ellos hubieran dicho la verdad, el juez los _____ (perdonar).

D. Los verbos que llevan preposiciones

Esta es una lista de algunos verbos comunes que llevan preposiciones.

a:	con:	de:	en:
acercarse a	casarse con	abusar de	confiar en
acostumbrarse a	contar con	acordarse de	consentir en
aprender a	contentarse con	alegrarse de	empeñarse en
asistir a	estar de acuerdo con	aprovecharse de	entrar en
atreverse a	romper con	arrepentirse de	esforzarse en
comenzar a	soñar con	burlarse de	fijarse en
empezar a	tropezar con	cesar de	insistir en
dedicarse a		darse cuenta de	pensar en
mudarse a		dejar de	tardar en
negarse a		desconfiar de	
parecer a	**por:**	disfrutar de	
persuadir a	preocuparse por	fiarse de	
resignarse a	optar por	enamorarse de	
resistir a		encargarse de	
volver a		enterarse de	
		gozar de	
		olvidarse de	
		quejarse de	
		reírse de	
		salir de	
		tratar de	

Ejercicio de practicar:

Escribe la preposición que falta.

1. En el futuro, Felipe se casará _____ María.
2. Jaime y Nuria se fijaron _____ el hombre que les estaba ayudando cuando el ladrón trató _____ robarlos.
3. Federico se mudó _____ Navarra para vivir

una vida más simple.

4. Fernando y Osvaldo gozaron _____ la piscina.

5. Plácida se olvidó _____ traer su bolso de la tienda.

6. Jorge se parece _____ su bisabuela. ¡Son como gemelos!

7. Los pasajeros salieron _____ Querétaro a las cuatro en punto de la tarde.

8. Los trabajadores desconfían _____ Silvio pero desafortunadamente se resignan _____ aguantarlo.

9. Rogelio se acercó _____ médico para pedir una consulta.

10. El abogado fue a la cárcel porque abusó _____ puesto.

Después de una preposición se puede usar:
- un sustativo
  · *José se contentó con **la decisión** de Carmen.*
- un pronombre preposicional
  · *Nosotros pensamos en **ti** muy a menudo.*
- un verbo en infinitivo
  · *Es normal que un niño se niegue a **comer** las verduras.*
- QUE + una nueva cláusula
  · *Claudia se olvidó de **que** su amiga venía a visitarla.*

Ejercicio de practicar:

Traduce las siguientes frases al español.

1. Humberto doesn't dare to try exotic foods.

_____

2. Your brothers look like you!

_____

3. We went to the beach to take advantage of the nice weather.

_____

4. Ramiro complains that there is too much traffic in Buenos Aires.

_____

5. I hope that you (all) enjoy the concert!

_____

6. Diana dreams about a chocolate cake.

_____

7. It's good that my friends can trust me.

_____

8. They found out that the restaurant was closed on Mondays.

_____

Diccionario

a solas = alone
abrazado = embraced
abrillantar = to shine, make shiny
acarrear = to transport
acercarse = to approach, to get close to
acoger = to accept, take in
acordarse = to remember
actuación = performance
acudir = to go
adelante = go ahead
adornado = decorated
adrede = on purpose
advertencia = warning
afilar = to sharpen
agachar = to crouch
agrandar = to make bigger
aguardar = to await
ala = wing
alameda = grove, boulevard
alargar = to extend
albañil = bricklayer
alcalde = mayor
alcornoque = cork oak (tree)
aliento = breath
alimenticio = nutritious
alma = spirit, soul
almíbar = syrup
alzar = to lift
amanecer = dawn
amargo = bitter

amenaza = threat
amenazador = threatening
amígdalas = tonsils
amontonado = piled up
ancho = wide
anochecer = nightfall
ante = in front (of)
antebrazo = forearm
anudar = to tie in a knot
aparato = device
apartarse = to leave, separate onself
apesadumbrada = saddened, distressed
apodo = nickname
apretar = to press
apretón = squeeze (of pressure)
araña = spider
arcabuz = chariot
arrancar = to yank (out)
arrastrar = swept up
arrimado = latched onto
arruga = wrinkle
asado = roast
asomar = to appear
asombro = surprise
aspecto = appearance
asustado = frightened
asustar = to frighten
atado = tied
atar = to tie
atendido = cared for

atenzar = to tense up
aterido = frozen solid
atontado = stupefied
aullido = howling
aumentar = to grow, augment
aún = even
aurora = daybreak
avisar = to warn
avivar = to stoke
ayuntamiento = city hall
azotado = whipped
azotar = to whip
bambolearse = to sway
banco = bench
bandera = flag
barril = keg, cask
barro = mud
batería = drummer
baul = trunk
bicho = bug
bizcocho = cake
blandir = to brandish
blasfemar = to swear, say bad
words
blasfemias = swears
bobada = nonsense
bobita = little idiot
bolsillo = pocket
bombilla = light bulb
bombo = bass drum
borroso = hazy, blurry
botijo = jar, pitcher
brillar = to shine
brillo = shine

brindar = to toast
bullicio = noise
cabra = goat
cacerola = pot
cagar = to defecate
cálida = warm
cáliz = calyx (cup of a flower)
callarse = to be quiet
calvo = bald
calzados = shoes, shoing
campana = bell
campanario = bell tower
caña = reed, cane
cara = face
carabineros = local guard
caracol = snail
cargado = loaded
cargar = to load
cariño = care, tenderness
carmín = crimson
carnero = ram
carnicero = butcher
carraspear = to rasp
cartel = poster
cartera = wallet
casco = hoof
castañas = chestnuts
castigo = punishment
caza = hunt
cenicero = ash tray
censurador = censcoring
cereza = cherry
chaleco = vest
chaval = boy, (male) kid

chocar = to hit/crash into
chorizo = sausage
chorreas = frills
chupar = to suck
ciego = blind (man)
cientos = hundreds
cima = peak
cinto = waist
clavado = fixed
codo = elbow
coger = to grad
coger en brazos = to take in one´s arms
colcha = bedspread
colchón = matress
colega = colleague, companion
colegiales = students in colegio
colgado = hung
colgar = to hang
colilla = cigarrette butts
colocar = to place
comercio = business
compañero = companion
complicidad = complicity, state of being an accomplice
concha = shell
condenado = condemned
conejo = rabbit
conseguir = to achieve
contar = to tell
contrabajo = upright bass player
contraluz = back light
corcho = cork
cordada = roped team

corear = sing (in chorus)
corretear = to run around
coser = to sew
costura = sewing
consumirse = to yearn for, long for
crecer = to grow, to swell
criar = to grow
cristales = windows
crucifijo = crucifix
cuanto antes = as soon as possible
cucos = cuckoos
cuello = neck
culpa = guilt, fault
cultivar = to grow (plants)
cupón = lottery ticket
cura = priest
dar la vuelta = to turn around
de repente = all of a sudden
dejar = to allow
dejar de = to stop
delantal = apron
delante = in front
delegado = delegate
demorar = to delay
desabotonar = to unbutton
desagrado = displeasure
desazón = unease
desconcierto = discomfort
desconocido = unknown
desde luego = of course
desenrollar = to unfurl
desertor = deserter

desfallecer = to faint
desfondado = gone to pieces
desordenar = to mess up, disorganize
despacito = slowly
despedir = to dispactch, give off
despejar = to clear
desvalido = helpless thing
dintel = top of a door frame
dirigirse = to direct, face oneself
discutir = to argue
disfrutar = to enjoy
disimular = to fake
disparar = to shoot, fire
dolido = hurt
dueño = owner
duro = hard
edificio = building
embarcar = to embark, board a ship
embestir = to lean in
embrujado = bewitched
emigrar = to emigrate
empujar = to push
en marcha = on the go
encaje = lace
encararse = to challenge, to vie
encender = to light up
encoger = to shrink
encogido = shrunk
enfriar = to get cold
enfurruñado = slumped
engullir = to scarf down

enharinado = caked in flour
enredado = mixed up
enrojecer = to redden
enrollado = rolled up
enroscar = to coil, roll up
ensayo = practice
enseguida = right away
entoldado = canopied
entrañas = guts
entreabrir = to half open
entristecida = saddened
enviar = to send
envolver = to wrap up
equipaje = luggage
equis = x
escalinata = staircase
escaparate = store windows
escoltado = escorted
esconder = to hide
escupir = to spit
escurrirse = to slip out
espantar = to scare
espanto = fear
espeso = dense
espiar = to spy on, watch
espiga = ear of corn
espuma = foam
esquiva = aloof, evasive
establos = stables
estela = wake
estiércol = manure
estrechar = to hold out
evitar = to avoid
extender = to spread out

fábrica = factory
fachada = facade, front
falda = skirt
faltar = to lack, to be left
fama = fame
fantasmal = ghostly
féretro = coffin
festivos = holidays
fiero = fierce, raging
fijamente = intently
fijarse en = to notice, fix on
fila = line, row
filo = edge, blade
finita = very thin
fondo = back
fortaleza = fortress
fregadero = sink
fuente = fountain
gallego = from Galicia, Galician language
gallina = hen
ganado = livestock
gándara = low land
garboso = glamorous
gargajo = **gob**
gemir = to moan
gentío = crowd
gesto = gesture
gira = tour
girar = to turn
golpear = to hit
gorrión = sparrow
grifo = faucet
guardar = to put away

habla = speech
hacer caso = to pay attention to, to heed
haces = bales (of hay)
hacia = towards
hambre = hunger
harina = flour
haz = bundle
hembra = female
herida = wound
herir = to wound
herrería = blacksmith's forge
hervor = boiling
hierba = grass
hierro = iron
hilo = thread
hoces = sickles
hoja = leaf
hondo = deep
hormiga = ant
huella = track
huir = to flee
hule = oil cloth
humedad = moisture
humedecido = moistened
ilusión = hope
implacable = relentless
imponente = imposing
impreso = printed
índice = index (finger)
inflar = to inflate
infundado = unwarranted
ingreso = entrance
inquieto = restless

jamás = never ever
jauría = barking
jeada = j sound
junto a = next to
jurar = to swear, pledge
labrador = farm worker
lacón = pork shoulder
lágrima = tear
lamer = to lick
lana = wool
lanza = sword, lance
lanzar = to throw
lata = can
latigazo = lashes from a whip
lavandera = woman who washes clothes
lazo = bow
lecheras = milk maids
leña = firewood
lente = lens
leyenda = legend
ligero = light
lindar = to border
llamaradas = flames
lleno = full
locuelo = crazy person
lograr = to achieve
lomos = back (of an animal)
luciérnaga = firefly
lunar = mole
madera = wood
maíz = corn
maletín = case for an instrument
mancha = stain

mandar = to order
manga = shirt sleeve
mantel = tablecloth
mapamundi = world map
marcharse = to leave, to split
mearse = to wet oneself
medidas = measurements
mejilla = cheek
meloso = sweet, honied
menudo = small
merienda = snack
meterse = get into
mezcla = mix
milagro = miracle
mirada = gaze
misa = mass (church)
mitad = half
mojado = **wet**
morder = to bite
muelle (de reloj) = watch spring
muelle = pier
murmurador = murmuring
nabiza = turnip greens
navaja = razor
nena = little girl (slang)
ni siquiera = not even
nido = nest
niebla = fog
novelesco = novelesque, like a novel
obrero = worker, of workers
oficio = trade, craft
oído = ear

óleo = oil paint
oler = to smell
olla = bowl/saucer
onda = wave
orilla = shore, bank (of a river)
oscurecer = to get dark
oveja = sheep
paisanos = country folk
paladar = palate
palco = stage
palo = hits (coloquial)
palpar = to feel
pantalla = screen
parar = to stop
pardal = sparrow
pardo = brown
parir = to give birth
párroco = parish priest
parroquia = parish
pasaje = ticket
pasillo = aisle
pasodoble = two-step
pastor = shepherd
pecho = chest
pegado = attached
pegar = to hit
pelear = to fight
pellizcar = to pinch
peñasco = crags
peón = hand, assistant
pequeñajo = little one
permanecer = to remain
persignarse = to cross oneself
pesado = heavy

pesar = to weigh
peste = plague (famine)
petardo = rocket
petirrojo = robin
picadura = **bite, sting**
picadura = type of tobacco
picar = to sting, to bite
piedra = stone
piel = skin
pieza = piece of music
pisar = to step on, to stomp
pista = path
planchar = to iron
polizón = stowaway
polvorienta = dusty
pomo = door knob
posado = placed
posar = to place, put, rest
prender = to light
presentarse = to introduce oneself
preso = captive
prestado = lent, on loan
prestar = to lend
prisa = hurry
publicitario = promotional
público = audience
puñado = fist full
puños = fists
pupitre = desk
quedar = to fit (clothing)
quemar = to burn
rabo = tail of an animal
rama = branch

rana = frog
rascar = to scratch
raya = crease
rebuzno = brays (from a donkey)
rechinar = to gnash
recio = strong, sturdy
recogedor = gatherer
recogido = rolled up
recomponer = to recompose
recreo = recess, recreation
regalar = to gift
regla = ruler, yard stick
regreso = return
reja de arado = plow
relinchar = neigh of a horse
remangado = rolled up (sleeves)
rematar = to hold down
remolque = trailer
rencor = spitefulness
reñir = to scold
reparador = repairman
reparar = to notice
repentinamente = suddenly
resbalar = to slide/to slip
resonar = to echo
resumir = to summarize
revolotear = to fly around
revolverse = to make a sudden movement
rezar = to pray
roble = oak
rodear = to surround
roer = to gnaw at
rostro = face

ruedas = wheels
rugoso = course, wrinkled
sabiduría = wisdom
sabio = wise
saborear = to taste
saludar = to salute, to greet
santo = (religious) saint
seguidos = in a row, consecutive
sello = stamp
señalar = to point out
sentenciar = to state, declare
serón = large basket
silbar = to whistle
sindicato = union
sino = but rather
sobrino = nephew
solfeo = music theory
soltar = to release
sombra = shadow
sonar = to sound
sonreír = to smile
soplar = to blow
sorbo = gulp
sordo = deaf, muted
suceder = to happen, occur
sudor = sweat
sudoroso = sweaty
sujeto = attached
suplicio = torture, torment
surgir = to come from
suspiro = sigh
taberna = tavern
tableta = bar
tardar = to delay, to take time

tal = such
taller = workshop
tamaño = size
tampón = ink pad
tanto = so much
tardar en = to delay
tarro = jar
techo = cieling
temblar = to tremble
temporada = time periods
tendido = tied
tesoro = treasure
tieso = rigid
tirar a = to tend toward
toque = touch
tormento = torment
torpe = clumsy
torpemente = clumsily
torre = tower
trago = sip
traje = suit
tras = behind
tratar = to tread
trato = deal
trenzado = braided
trompa = trunk
tronco = trunk
tropas = troops
útil = useful
vaharada = smell, whiff
valerse = to make use of
valle = valley
vara de mimbre = wicker cane
ventanal = large window

verbena = outdoor dance
vergonzoso = shameful
vidrio = glass
vieira = scallop
visera = visor
voluntad = will
voraz = voracious, aggressive
vuelta = return trip
ya veras = you'll see
yema = fingertip
zorro = fox
zurrar = thrash